グローバルサウスの時代

多重化する国際政治

脇祐三

光文社新書

まえがき

２０２４年の米大統領選挙はトランプ氏が制した。トランプ政権が復活し、米国の中国との対立は、より激しくなる。第１期トランプ政権から強まった米中対立はバイデン政権下でも続き、ウクライナに侵攻したロシアと米国・欧州諸国の対立も激化した。その一方で、中国の協力がロシアを支えている。米国が主導する冷戦後の秩序が崩れ、米国と中国・ロシアの対立が国際情勢を左右する。しかし、世界は大きく2つに割れたわけではない。

日本のメディアで、「グローバルサウス」（Global South）ということばをよく見聞きするようになった。かつて、世界の北のほうに多い先進国と南のほうに多い発展途上国の間の経済格差、いわゆる南北問題について、途上国の総称として用いられていたことばだ。このことばがいま、世界の政治状況を説明するときに、新興国・途上国の総称としてつかわれている。グローバルサウスの国々のほとんどは、米国側にも、中ロの側にも、全面的にくみすることはない。そして、自国の利益になると判断すれば、テーマごとにどちらの側と連携することもあり得る。これが、いまの世界の大きな見取り図である。

中国が自らグローバルサウスの一員と言う場合もあるが、いまの国際関係を整理するときには、中国、ロシア以外の新興国・途上国の総称とするほうがわかりやすい。

米国のバイデン大統領は世界の状況を「民主主義と専制主義の戦い」と図式化し、民主主義が勝利しつつあると語っていた。ロシアの脅威に直面する欧州では、中立政策を取ってきたフィンランド、スウェーデンが米欧の軍事同盟である北大西洋条約機構（NATO）に加盟、拡大するNATOがロシアと向き合い、ウクライナを支える形になった。

ただし、米国をはじめとする主要7カ国（G7）や欧州連合（EU）が主導する対ロシア経済制裁に加わったのは、世界の200近い国・地域のうち48程度だ。制裁参加は、G7、EU加盟国、オーストラリア、韓国など、広い意味での西側諸国にほぼ限定された。

百数十ある新興国・途上国のほとんどは、ロシアを批判することはあっても、G7やEUに追随するわけではない。経済的な結び付きの強い中国とも衝突しないように動く。ロシアがウクライナに侵攻した後の国際関係は、「西側諸国は結束を強めたが、新興国・途上国とはすれ違い」という構図だ。

米国も、中国やロシアも、自国の影響力の維持、拡大を狙って、新興国・途上国へのアプローチを強め、自国の側に引き付けようとする。これに対して多くの国は単純に中立を保つのではなく、大国間の綱引きの状況を利用して、自国の安全保障と経済的な利益を確保しようとする。

これらの国々を、一つの大きなグループとみなす例が増えた。その総称としての「グローバルサウス」が、国際関係についての新たなキーワードになった。

外交のやり方という点では、有力な産油国であるサウジアラビアやアラブ首長国連邦（UAE）なども、このグループに含まれる。

有力な新興国は、世界の秩序の再形成も意識して自分たちの意見を世界に発信する。国際政治のさまざまな舞台で、インド、ブラジル、南アフリカなどが存在感を高めている。

インドのモディ首相は、2023年5月にG7首脳会議の主要ゲストとして広島を訪れ、

6月には米国の国賓としてワシントンを訪問し、7月にはフランスの革命記念日の名誉賓客としてパリに赴いた。その一方でモディ首相は23年7月に、中国とロシアが中心の地域協力の枠組みである上海協力機構の首脳会議の議長を務め、9月にはG7諸国のほか中国、ロシアや主要な新興国を含む20カ国・地域（G20）の首脳会議をニューデリーで主催した。

24年の後半になると、モディ首相は7月にプーチン・ロシア大統領、8月にゼレンスキー・ウクライナ大統領、9月にバイデン米大統領と会談し、10月には習近平中国国家主席とも5年ぶりに公式に会談した。

インドは特定の大国に引っ張られて動くのではなく、判断の基準はあくまでも自国の安全保障と経済的利益の確保だ。そういう「戦略的自律」の考え方に基づいてインドは活発な外交を展開し、「グローバルサウスの声」の結集を試みる。

23年1月12日、モディ首相は120あまりの国に呼びかけてオンライン方式で開催した第1回「グローバルサウスの声サミット」の開幕演説で、食料危機、エネルギー危機、インフレ、気候変動など世界の問題の大半は「グローバルサウスがつくり出したものではないが、きわめて大きな影響をわれわれが受けている」と指摘した。そして参加各国に向けて「あなたたちの優先事項はインドの優先事項だ」と語り、「G20の議長国として、インドはグローバルサウスの声を増幅していく」と国際的なリーダーシップに意欲を示した。

インドの動きが示唆するものは何か。米国を中心とする西側諸国と、中国・ロシアなどの対立という世界の二極化ではなく、グローバルサウスの国々の台頭によって世界がより複雑な構造になっていく可能性だ。世界の「多極化」ともいわれるが、グローバルサウスは共通の政策でまとまっている第3の極ではない。

米国と中国・ロシアの対立で国連のような多国間（マルチラテラル）の枠組みが機能不全に陥る一方、個別のテーマで目的が共通する数カ国が連携を強める「ミニラテラル」の枠組みづくりが広がり、ミニラテラルの枠組み同士が結び付いたり、重なり合ったりする。そこに、トランプ政権下で一方的な動きをしがちな「ユニラテル」の米国が覆いかぶさる。さまざまな枠組みと異なる方向性の動きが重なり合うという点では、世界は「多重化」しつつあるともいえるだろう。

米国や日本では、中国の脅威にいかに対抗するかが外交の最大の課題であり、ウクライナ危機に伴ってロシアの脅威への対抗も重要課題になった。政府の情報発信も、メディアの記事も、この課題に沿ったものが中心になる。ワシントン発、東京発の情報にもっぱら接していると、世界中のほとんどの人が米国や日本と同じように国際情勢を認識し、中国やロシアに向き合おうとしていると錯覚しがちである。

だが、さまざまな地域の世論調査を見ると、米国より中国のほうが好ましいという結果になる国も少なくない。23年10月に新たな中東危機が始まった後、イスラエルの攻撃で多数のパレスチナ人住民が犠牲になるのを止められない米国への不満が強まった。多くの途上国では食料やエネルギーの価格が最大の関心事であり、「ウクライナが勝利するまで支援すべきだ」よりも「とにかく戦争を早くやめてほしい」という答えのほうが多い。

理念や理想ではなく、重要なのは生活の安定と経済的な実利。よしあしは別にして、世界の大半の人たちがそういう形で暮らしている現実を認識する必要もある。

欧州の国際シンクタンクである欧州外交評議会(ECFR)は「団結した西側、その他から分断され」という報告書をまとめた。英国のエコノミスト誌は「西側は、その他に勝てるのか?」という特集記事を掲載した。西側諸国とは考え方が同じではないグローバルサウスが世界の多数派であることを踏まえた問題提起である。

グローバルサウスの国々を米国の側に引き寄せたり、引き止めたりする狙いのバイデン政権の外交は、だいたいうまくいかなかった。

人権の尊重、法に基づく秩序、言論の自由などの普遍的価値を高く掲げていたはずの米国で、大統領が選挙での敗北を受け入れないような事態が起き、国民の多くが対外的な関与を望まない内向きの傾向も強まった。いまの米国は、自由貿易の推進、自国の市場の開放に後ろ向きだ。経済安全保障を理由とするサプライチェーンの再編も、国外に出ていった生産拠点を米国内に呼び戻す狙いの産業政策だと、多くの国は受け止める。軍事力も経済力も断然トップであることに変わりはないが、米国の国際的なリーダーシップには陰りが生じている。

２０２４年の大統領選挙は、民主党のハリス副大統領と共和党のトランプ前大統領の争いになり、最後はトランプ氏が勝利した。トランプ氏は物価の大幅上昇や不法移民の流入問題を「バイデン・ハリス政権の失政」として強調し、輸入品に高い関税をかけて米国の製造業を復活させると訴えて、ブルーカラー層の支持を固め、すべての激戦州を制した。米国社会の分裂や保護主義への傾斜が、大統領選であらためて印象付けられた。それは、米国の国際的な求心力の低下につながる要因でもある。

一方で、中国への求心力が強まっているともいえない。驚異的な成長を遂げ、世界の大国として台頭した中国の経済に、いま急ブレーキがかかっている。人口減少などの構造要因もあり、中国の国内総生産（ＧＤＰ）が米国を抜いて世界最大になるという予測にも疑問符が付き始めた。習近平政権は、経済成長よりも共産党による統治の徹底を重視し、経済運営などの実務能力よりも忠誠心を人事で重視する。そういう政権の長期化も、大きな構造問題だ。中国を最大の貿易相手とする新興国・途上国の中国についての見方も厳しくなっている。

国内の需要の伸びが鈍った中国の過剰な生産能力と製品の安値輸出は、他の国々の産業にとって大きな脅威になる。その一方で、脱炭素に向けたエネルギー転換の推進を迫られる途上国が、電気自動車（ＥＶ）や太陽光パネル、電池などを低価格で供給できる中国への依存を強めるような状況も生まれつつある。

冷戦後の世界秩序が崩壊した後、米国はＧ７を中心とするリベラルな秩序の立て直しをめざし、中国は米欧主導の秩序に代わって自分たちが主導権を握る秩序をめざす。そして世界の多数を占める新興国・途上国も、自分たちの意見がより大きく反映されるように世界のガバナンスの枠組みの再形成を求める。

理念ではなく実利に基づいて動くグローバルサウスの国々の自己主張が強まり、その動向が世界の行方に大きな影響を及ぼす時代が始まりつつある。本書では、新興国が米国やＥＵ、日本などの動きをどう見ているかという話も織り込みつつ、グローバルサウスを全編のキーワードにして、世界の変化とその行方を考えてみたい。

グローバルサウスの時代 ―多重化する国際政治― 目次

復の連鎖

図表作成　マーリンクレイン

第1章　なぜいま「グローバルサウス」なのか

中国・ロシアとの対立を避ける国々

２０１０年代後半から米国と中国の対立が激しくなり、22年2月にはロシアがウクライナに侵攻した。冷戦後の世界秩序は崩れ、冷戦後に広がった経済グローバル化の流れにもブレーキがかかった。ロシアの脅威に直面して、米国をはじめとする主要7カ国（G7）、欧州連合（ＥＵ）、北大西洋条約機構（ＮＡＴＯ）諸国、オーストラリアなどは結束を強めた。中国との経済関係を重視してきたＥＵでも、中国に対する姿勢は厳しくなってきた。だが、まえがきでも触れたように、米国、欧州諸国、日本、オーストラリアなどを中心とする連携は「西側諸国」の枠を超えて広がっているわけではない。

一方、中国とロシアは同盟関係ではないが、米国や欧州を中心とする世界秩序への挑戦という点では同じ立場であり、盟友である。米国との長期にわたる競争に備える中国にとって、ロシアはなお手を握る価値のあるパートナーといえる。だから習近平政権は、さまざまな面でプーチン政権へのサポートを続け、日本の近海で合同軍事演習を行うなど軍事面での連携も拡大している。ただし、中国も現段階では米国との決定的な対立や衝突を避けたいので、ロシアに対する兵器の直接供与などには慎重な姿勢を見せる。

ロシアの隣国ベラルーシ、中ロ両国に接する北朝鮮、ロシアが内戦に軍事介入した中東のシリア（アサド政権）など、西側諸国への対抗を基本路線としている国は、ロシアに同調する姿勢が鮮明だ。ただし、ロシア側に立つことを明確にしている国の数は少ない。

ウクライナ危機に対応した国連総会の緊急特別会合の決議のうち、ロシアを非難しロシア軍の撤退などを求めた２つの節目の決議に反対した国（ロシアを含む）は、22年３月２日の決議では５カ国、23年２月23日の決議では７カ国だけだった。

ロシアへの協力姿勢が目立つ中国とイランは、反対ではなく棄権にまわった。

この２つの決議に賛成した国の数はともに１４１だから、賛成・反対の数だけ見れば、「圧倒的多数でロシア非難決議が採択された」といえるかもしれない。

主要な新興国では、ブラジル、インドネシア、サウジアラビアなどが、どちらのロシア非難決議にも賛成している。その一方で、インドや南アフリカなどは棄権を繰り返した。棄権した国は22年３月２日の決議で35、23年２月23日の決議では32カ国に達した。このほか、無投票（意思表示せず）の国も、それぞれ12、13カ国あった。地域別では、ロシアに隣接する中央アジアが軒並み棄権か無投票。そのほか南アジアやアフリカなどで棄権が目立つ。国連総会での表決の数字は、米欧などとは異なる考え方の国が多いことも印象付けた。

武力の不行使、主権および領土の一体性の尊重といった大原則には、たいていの国が同意

23年2月23日の国連総会決議は32カ国が棄権（AP/アフロ）

する。新興国・途上国の大半はロシアのウクライナ侵攻を支持していない。しかし、それらの国がみなロシア非難を明確にするわけではない。

そして、国連総会のロシア非難決議に賛成した国も含めて、ほとんどの新興国・途上国は、G7やEUが主導する対ロシア制裁には加わっていない。これらの国々は中国やロシアとの直接的な対立も避ける。こういう行動パターンの国々を大きな一つのグループとみなし、その総称として「グローバルサウス」ということばが用いられるようになった。

ひとくちにグローバルサウスといっても、各国の宗教や文化、歴史の背景は多様であり、主張もさまざまである。多くの国々を組織化しているわけではないから、厳密な意味で単一の政治ブロックとして扱うのは難しい。

どの国を含めるか、含めないかについて、明確な定義があるわけではない。経済や軍事の面で大国になった中国も、途上国との連帯を強調したいときなどに、「中国もグローバルサウスの一員」と主張する。そういうあいまいさもある概念だが、本書ではグローバルサウスということばを中ロ以外の新興国・途上国の総称としてつかい、話を進めていく。

二元論的な世界認識の限界

まず、冷戦後の秩序が崩壊した後の、世界の見取り図をイメージしてみよう。

米国と中国が厳しい対立の時代に入ってから、「新冷戦」ということばがよくつかわれるようになった。さらに、ロシアのウクライナ侵略と米欧のウクライナ支援によって、世界が2つに割れたという印象が強まった。だが、二極の対立という構図に見えるのは、一方に米国、欧州諸国、日本、オーストラリアなど広い意味での「西側諸国」、もう一方に中国、ロシアとそれに追随する国という部分だ。その場合に視野に入れていないグローバルサウスの動きにも注目すると、大きく3つのグループに分かれているイメージが浮かぶ。

新冷戦と二極化の印象が広がった一因は、米国のバイデン政権の二元論的な情勢認識だ。バイデン大統領は21年1月に就任して以来、世界の政治情勢を「民主主義と専制主義の戦い」という形で図式化してきた。米中の対立も、米欧とロシアとの対立も、この図式の中に位置付ける。民主主義的な勢力と権威主義的な勢力が、政治体制の選択をめぐって争っているというイメージだろう。

ペロシ前米下院議長も、議長として台湾を訪問してから1年後の23年8月の声明で「世界は民主主義と専制主義の間の厳しい選択に直面している」という認識を示した。

オバマ元大統領は、22年秋の米国の中間選挙の応援演説で、野党・共和党のトランプ支持勢力を民主主義への脅威と位置付け、民主主義を守るために民主党が選挙で勝たなければならないと訴えた。オバマ氏は、米国社会の分裂という国内の政治状況を、民主主義を壊す側と守る側の二極対立として図式化している。

二極化しているのは米国そのものであり、国際情勢は単純な二極対立ではない。しかし、バイデン政権と与党・民主党の関係者は、分断が進む国内の情勢と重ね合わせる形で、国際情勢を民主主義vs専制主義という二元論で整理しようとした。

トランプ氏は自由や人権などの理念には関心がなく、国民を「われわれ」と「やつら」に分けて社会の分断を加速させ、対外政策では「米国の利益」か「他の国の利益」かを判断の基準にする傾向が強い。国際的な合意の形成よりも、米国による一方的な措置の発動や特定

23年３月、リモートで開いた「民主主義サミット」
（ロイター／アフロ）

の国との取引で問題に対応しようとする例も目立った。これに対しバイデン大統領は、同盟関係を重視する形でグローバルガバナンスを機能させようと努めてきた。

バイデン政権が22年10月に発表した国家安全保障戦略は、中国を「国際秩序を再形成する意志と能力を持つ唯一の競争相手」と規定し、ロシアを自由で開かれた国際システムに対する差し迫った脅威と位置付けた。中国と対抗し、ロシアの行動を抑えるためにも、バイデン政権は民主主義と法に基づく国際秩序が重要だと世界にアピールしたい。大統領が主催する「民主主義サミット」は、そのアピールの場だった。

23年3月にオンライン方式で開いた第2回民主主義サミットで、バイデン大統領は「民主主義国はかってないほど結束して、民主主義を守ろうとするウクライナ国民を支援している」と強調した。そして、「民主主義は強くなり、専制主義は弱体化している」と力説した。

しかし、米政府が作成し、民主化の課題への取り組み強化をめざす「民主主義サミット宣言」に署名したのは、会議に招待した１２０の国・地域のうち約6割の73にとどまった。

米国が民主化の支援によって多くの国を米国にひきつけようとしても、グローバルサウスの国々は民主化推進が喫緊の課題とは思っていないし、世界がいま政治体制の選択を迫られているとも考えていない。

民主主義サミットではウクライナのゼレンスキー大統領が、ロシアによる侵略は「自由と民主主義に対する戦争だ」と語り、「民主主義の敵を打ち破らなければならない」と支援を訴えた。だが、多くの新興国・途上国は、ウクライナ危機を「民主主義と専制主義の戦い」と見ているわけでもない。アフリカや中東などでは「白人国家間の勢力争い」と冷めた目で見る人も少なくないし、「一方的な理由でイラク戦争を始めた米国や、多くの犠牲者が出たアフリカの地域紛争を放置したEUが、今回の戦争については世界全体の義務のようにわれわれの協力を求めるのはダブルスタンダード（二重基準）だ」という声もある。

唯一の超大国と呼ばれた米国の影響力が後退し、中国は周辺地域に対する威圧を強め、ロシアは戦争を始めた。冷戦後の世界秩序が壊れ、国際情勢は流動化している。「新たな大国間の競争の時代」とも呼ばれる状況の中で、グローバルサウスの国の多くは、軍事面で米欧の側にも中ロの側にも付かない。「世界最大の民主主義国家」と呼ばれるインドもそうだ。

インドが体現するグローバルサウスの本質

冷戦時代も冷戦後も、インドは「民主主義陣営」の一員だったことはない。冷戦時代は東西どちらの同盟にも属さない「非同盟運動」の中心的な存在だった。非同盟運動には、反植民地主義、反帝国主義的な要素があり、兵器の調達や技術の導入などで、米欧よりソ連とのつながりのほうが強かった国も少なくない。これはインドにも当てはまる。

中国が急速に台頭し、中国への国際的な警戒感が強まるにつれて、中国とは別のアジアの大国であるインドの存在が地政学的に注目されるようになった。米国や欧州諸国、日本、オーストラリアなどが、インドとのパートナーシップを強化しようと動く。

インドのモディ政権も、これに対応して西側諸国とのパートナーシップを拡大し始めた。インドはいま、４つの民主主義国が中国を取り囲む格好の協力の枠組み「ＱＵＡＤ（クアッド）」に参加して、米国、日本、オーストラリアとの協力関係を強化しつつある。しかし、

QUAD軍事面の連携については深入りを避けている。インドは、中国やロシアが中心になっている上海協力機構のメンバーでもあり、23年7月には議長国として首脳会議（オンライン方式）を主催した。モディ首相は、QUADと上海協力機構の双方に参加していることについて、「矛盾はない。2つの枠組みが互いに排他的とも思わない」と言い切る。

インドにとって重要なのは、西側諸国との関係を拡大すると同時にロシアや中国との関係も保ち、双方に対する発言力を持つことで「グローバルサウスの代表」としての自らの国際的な影響力を高めることだ。

インドはすでに人口で中国を追い抜き、国内総生産（GDP）の規模で旧宗主国の英国を抜いた。国際通貨基金（IMF）は、早ければ25年か26年にインドの名目GDPが日本を上回ると予測する。世界の中でより大きな存在になることが、インドの自信の支えになる。

モディ首相は22年9月、訪問先のウズベキスタンでプーチン大統領と会談した際に、「いまは戦争の時ではない」と直接、苦言を呈した。一方でインドは、国連総会でのロシア非難決議には棄権を繰り返し、ロシアのウクライナ侵攻前に日量5万バレルに満たなかったロシア原油の輸入を、23年4〜6月期には日量200万バレル前後にまで増やした。G7やEUの制裁を受けてロシアが原油をディスカウント価格で販売するようになったのを、自国のチ

22年9月、モディ首相はプーチン大統領に苦言
（ロイター / アフロ）

ャンスととらえて、インドはためらわずに動いた。

日本のメディアでは、グローバルサウスについて「2つの陣営の双方から距離を置く」とか「中ロと米国の間で中立を保とうとしている」といった説明が目に付く。だが、その行動の本質は中立を貫くことではない。冷戦時代の非同盟を意味する non-aligned と対比して、multi-aligned とか omni-aligned と呼ぶ国際問題専門家もいる。「全同盟」「誰とでも組む」「どちら側とも連携する」といった意味合いである。multi-aligned をインドのモディ政権の外交の枕詞としてつかう例も増えてきた。

自国の安全保障と経済的利益の確保のため、案件ごとに米欧や日本と組むこともあれば、中国やロシアと組むこともある。特定の大国にだけ依存することで起きうるリスクを、協力関係の多角化でヘッジする。大国間の軍事的な対立などに巻き込まれるリスクを避け、大国の競争をうまく利用して自国の利益拡大を追求する。グローバルサウスの行動の本質は、政治的な実用主義、機会主義である。

米ロや米中のような大国の間の対立や競争の激化は、「その中間にあるミドルパワーの国々に、脅威と同時に機会を提供している」。英国のフィナンシャル・タイムズ紙が社説でそう指摘したのは、22年12月だった。フィナンシャル・タイムズはグローバルサウスということばをあまりつかわず、「ミドルパワーの台頭」（The rise of Middle Powers）という表現を好んでつかう。ひと昔前にミドルパワーといえば日本やドイツなどを指すことが多かったが、ここでいうミドルパワーは、インド、ブラジル、インドネシア、サウジアラビアなどの有力な新興国を指す。

NATOのメンバーでありながらロシアとの関係が良好で、欧米によくケンカを売るトルコを、これに加えてもいい。G7のメンバーではないが、20カ国・地域（G20）のメンバーであるこれらの地域大国の動きが、グローバルサウスを特徴付ける（図表1-1）。そして、サウジよりかなり所得水準の高い中東の産油国、アラブ首長国連邦（UAE）の動きも、注目されている。国際政治の変化を語る文脈で登場する「グローバルサウス」は、かつて南北

図表1-1　G7とG20のメンバー国

G7

米国	カナダ	日本	英国
ドイツ	フランス	イタリア	

G20

米国	カナダ	日本	英国
ドイツ	フランス	イタリア	EU代表
ブラジル	ロシア	インド	中国
南アフリカ	アルゼンチン	サウジアラビア	
韓国	トルコ	メキシコ	オーストラリア
インドネシア	アフリカ連合代表		

G7　EU　BRICS　その他　ASEAN　AU

※アフリカ連合代表は2023年首脳会議から参加

問題を語る際に出てきた「南半球を中心とする途上国」ではない。

サウジアラビアが求める実利

グローバルサウス的な発想と行動パターンを理解するために、中東の大産油国サウジアラビアの最近の外交の動きを見てみよう。

サウジは長年にわたって米国と同盟関係にある。同盟といっても、ＮＡＴＯや日米同盟とは性格が異なる。自国の防衛や地域の安全保障について、米国が最重要パートナーになっているわけだが、サウジやＵＡＥのような君主制国家は、民主主義や人権、言論の自由などの価値観を米国と共有しているわけではない。

石油輸出国機構（OPEC）の盟主であるサウジは近年、石油政策ではロシアと連携し、ロシアなども含めた「OPECプラス」の枠組みで生産調整を続けてきた。かつての米国や日本に代わって、中国がサウジにとって断トツ最大の輸出先になった。ビジネスの面ではいま、中国が最大のパートナーといえる。23年3月には、サウジとイランの外交関係正常化の合意を中国が仲介したという、中国の政治的な影響力を示唆するニュースもあった。

ただし、現段階で中国には、米国が担ってきた中東地域の安全保障の役割を肩代わりする意思はないし、それに必要な軍事基盤も中東周辺に持っていない。安全保障については、米国が引き続き最も重要な戦略的パートナーだと、サウジは考えている。

21年8月に米軍がアフガニスタンから撤退したとき、中東・イスラム圏では「米国の戦略的な関心は中国に移り、中東周辺地域に深く関与する時代は終わった」との受け止め方が広がった。22年7月にサウジを訪問したバイデン大統領は、サウジなど湾岸協力会議（GCC）6カ国と、エジプト、イラク、ヨルダンの首脳が参加した会議で「われわれは、中国やロシア、イランが埋めるような空白を残して去ることはない」と語った。中東の安全保障への米国の関与継続を強調し、米国が中東から退いていくという懸念を打ち消す狙いだった。

ところが、この発言はアラブ諸国の首脳にまったく受けなかった。バイデン大統領が、米国側と中国・ロシア・イラン側という図式で中東の将来を語り、会議に集まったのは米国側の国という暗黙の前提で話していたからだ。「われわれは中東を、そのようなゼロサムゲームの場とは見ていない」。サウジのファイサル外相が事後に語ったコメントが、いまのアラブ諸国と米国の、国際情勢についての認識の隔たりの大きさを示す。

サウジ訪問時にバイデン大統領は、原油の大幅増産も求めた。米国の中間選挙の前にガソリン価格を下げたいという政治的な思惑があったと見られるが、米国がサウジからの原油輸入を増やすわけではない。サウジは価格を下げる目的の増産には応じなかった。22年10月にOPECプラスは、増産ではなく日量２００万バレル規模の減産を決めた。するとバイデン政権は「サウジがロシア側に付いた」と非難し、サウジ側は「純粋に経済的な理由」と反論して、両国の関係がきしむ展開になった。

そういう情勢の中で、22年12月にサウジを訪問した中国の習近平国家主席は、まずサウジを「多極化が進む世界の中の重要な独立勢力」と持ち上げた。そして、中国が推進してきた「一帯一路」構想と、サウジのムハンマド皇太子が掲げる経済構造改革の構想「ビジョン２０３０」を整合させるという意味付けをして、経済面での協力を提案し、インフラ分野を中

22年12月、習近平主席はムハンマド皇太子と会談
（新華社 / アフロ）

心に両国が連携を進めることを印象付けた。

先にサウジを訪問したバイデン大統領は、首脳会談で人権問題を主要な議題として取り上げた。そして、サウジに対して意見を言ったと、随行した米国メディアに説明した。外国との関係で道徳的な規範を意識し、人権の問題を重視する姿勢を示すのは、米国の外交にとって重要なことであろう。ただし、相手国側には、首脳会談を開くのは説教をするためか、会談は米国内向けのパフォーマンスなのか、という不満がくすぶるかもしれない。

その点で、中国のアプローチは米国と対照的だ。「内政不干渉」と称して相手国が嫌うテーマを避け、相手側の関心が高そうな経済案件を並べて、「実利」で引き寄せようとする。

サウジで中国の影響力が拡大していくことに、バイデン政権は神経質だった。23年6月には、ブリンケン国務長官がサウジを訪問し、ムハンマド皇太子らとの会談で両国間の懸案について「率直に意見を交わした」という。多くの点で双方の主張はすれ違ったと見られる。

長官の訪問と同じ時期に、サウジの首都リヤドでは「アラブ・中国ビジネス会議」が開かれ、アラブ諸国と中国の双方から官民合わせて３５００人以上が参加した。この会議でサウジのアブドルアジズ・エネルギー相は「中国とは競争ではなく協力をする」と語り、ビジネスの関係はチャンスがあるところで拡大していくという考えを強調した。

ブリンケン国務長官はリヤドでの記者会見で、サウジと中国の関係拡大について、「われわれは誰に対しても、米国と中国のどちらかを選べとは言っていない」と説明するしかなかった。しかし、米国メディアの報道を見ると、バイデン政権はその後も、経済面、軍事面で中国と距離を置く保証をサウジ側に求めたようだ。白か黒かの二元論的な区分で「どちらの側に付くのか」と相手国に問う発想から、米国はなかなか抜けきれなかった。

米国がめざすグローバルガバナンス

バイデン政権がめざしたのは、民主主義や人権、法の支配などの価値観を共有するＧ７や

NATO諸国などとの連携を強めて、世界秩序を立て直すことだ。それが中国との競争に勝つことにつながるとバイデン大統領は考えた。サウジのような価値観を共有しないパートナー国との協力関係の維持も、米国主導でグローバルガバナンスを機能させるためには重要なはずである。だから、22年7月のサウジ訪問について大統領は「中国やロシアに対抗するうえで重要」という意味付けをした。その一方で、与党・民主党内に根強いサウジの人権状況への批判を意識し、首脳会談で人権問題を取り上げることも強調した。

実際に首脳会談で「中国に過度に接近するな」「人権問題にちゃんと取り組め」と説教を繰り返す結果、相手側が米国をうとましく感じるような反作用が起きる。

覇権の維持は、理念や価値観、倫理などにこだわらず、より現実的な手段で目的の達成を追求するレアルポリティーク（現実政治、ドイツ語 Realpolitik）のテーマだろう。

米国の国際政治専門誌ワールド・ポリティクス・レビュー（23年6月24日の電子版）は、「バイデンの最大の過ちは、中国との大国間の競争を追求しながら、それを民主と専制の対立という枠にはめていることだ。価値観は政治的影響力の源泉になり得るが、地政学的競争は結局のところ、レアルポリティークの妥協を必要とする」と指摘している。

米国が自国と西側同盟国を中心に世界秩序の立て直しを進めようとするのに対して、冷戦後の経済グローバル化に伴ってめざましい成長を遂げた新興国は、自分たちがより大きな発言力を持てるような新たな世界秩序をめざす。この点では中国が最も野心的だ。

習近平国家主席は、23年7月に訪中したキッシンジャー元米国務長官（23年11月に死去）との会談で、「世界は百年に一度の大きな変化の中にあり、国際構造に重大な変化が生じている」と語った。直截にいえば、米国を中心に西側諸国が主導してきた世界秩序は大きな曲がり角を迎えており、これからは中国の影響力が強まるのが当然という趣旨だろう。

中国は米国中心の秩序に挑戦し、中国が中心になって世界秩序を書き直そうと試みる。ただし、中国は国連の安全保障理事会で常任理事国として拒否権を持ち、既存の秩序の中に既得権も有する。国際通貨基金（ＩＭＦ）でも出資比率を高め、発言力を徐々に強めてきた。

そこで中国は、既存の国際機関を自国に都合のいいようにうまく利用しながら、ＢＲＩＣＳや上海協力機構など中国が中心的なメンバーになっている新興国のグループを発展させ、Ｇ７などに対抗する際のプラットフォームとして活用しようとする。

インドはどうか。国連安保理の常任理事国入りをめざしてきたが、安保理改革は進んでいない。インドから見た国連安保理を中心とする既存の秩序は、基本的に第２次世界大戦の結果を踏まえて当時の戦勝国がつくった秩序のままである。モディ首相は23年１月の「グローバルサウスの声サミット」の開会演説で、「80年を経た古いグローバルガバナンスのモデルがゆっくりと変化する中で、われわれは新しい秩序の形成に努めるべきだ」と強調した。

現段階でインドは新たなグローバルガバナンスのモデルを具体的に提示しているわけではないし、他のグローバルサウスの国とアイデアを共有しているわけでもない。ただし、インドが目標としているのも、世界秩序のリフォームではなく、土台からの立て直しである。

米国は、米欧とは異なる発想での秩序形成の動きを警戒している。23年のG7の一連の閣僚会合で、米国は「グローバルサウス」という総称を用いることを嫌った。一方、中国は、グローバルサウスの国々が新たな世界秩序への期待を強めることを、米国中心の秩序を崩していくチャンスととらえる。

ちぐはぐなBRICS

23年7月に外相ポストに復帰した中国の王毅共産党政治局員は、当時のBRICS5カ国（ブラジル、ロシア、インド、中国、南アフリカ）の外相会議で、「中国は言うまでもなくグローバルサウスのメンバーであり、永遠に発展途上国という大家族の一員である」と強調し、中国が主導して新興国・途上国の広範な連携を進める意欲をにじませた。

図表1-2　上海協力機構加盟国とBRICSのメンバー国

上海協力機構の加盟国

2001年の創設時から	中国	ロシア	カザフスタン
	タジキスタン	ウズベキスタン	キルギス
2015年に正式加盟	インド	パキスタン	
その後	2023年 イラン	2024年 ベラルーシ	

BRICSのメンバー国

2009年から首脳会議開催	ブラジル	ロシア	インド
	中国		
2011年から首脳会議参加	南アフリカ		
2024年1月から正式参加	エジプト	エチオピア	イラン
	UAE		

※アルゼンチンは政権交代で参加を取りやめ、サウジアラビアは正式参加を保留しているので不記載

ロシアは中国とともに、両国が主要メンバーである上海協力機構やBRICSといった新興国の枠組みを拡大していくことに前向きである（**図表1-2**）。メンバー国間の独自の決済システムなどを整備して、米ドル以外の通貨による決済を増やし、米国などによる制裁の影響を和らげることにもつながるからだ。

これに対しインドは、中国がグローバルサウスの総代表のように振る舞うのを警戒している。中国やロシアの主導する枠組み拡大で米国への対抗色が強

くなりすぎるのも避けたい。

23年8月に南アフリカのヨハネスブルグで開いたBRICSの首脳会議は、新メンバーとしてアルゼンチン、エジプト、エチオピア、イラン、サウジアラビア、UAEの6カ国を受け入れることを決めた。24年から11カ国体制に移行すると、BRICSは世界の人口のおよそ46%、世界の名目GDPの29%（購買力平価では37%）を占める形になるはずだった。その後、アルゼンチンは政権交代で加盟を中止、サウジは加盟を保留した。

G7の人口はいまの世界の人口の10%に満たない。1986年のピーク時に世界の名目GDPの68%を占めたG7の比率は、22年には43%まで低下しており、購買力平価で計算すると30%を割り込みつつある。BRICSの拡大には、世界におけるG7の地位が低下しているという印象を強める政治的効果や、中東の有力産油国と中国、ロシアの結び付きがさらに強まったと印象付ける宣伝効果もあるだろう。

ただし、経済的な効果については疑問が多い。BRICS拡大後のメンバー国の間の経済水準の隔たりが、あまりにも大きいからだ。1人当たり名目GDPが約5万ドルのUAEと、3000ドル台のエジプト、2000ドル未満のエチオピアが同じグループに入ると、経済面でのまとまりはほとんどなくなる。エジプトとエチオピアは人口が1億人を超える大きな国だが、両国のような所得水準の低い国が加わることで、新興国を代表する有力な国々の集まりというBRICSのイメージは保てなくなる。

それでもロシアと中国が、これらの国々を新たなメンバーとして優先した背景には、地政学的な戦略があったとみられる。

イランとサウジ、UAEは、世界最大の石油生産地帯の海上輸送の動脈であるペルシャ湾を北と南から挟む形になる。エジプトはアジアと欧州を結ぶ主要航路である紅海の北の出入り口を占め、エチオピアは紅海の南側の出入り口ににらみを利かす。その間にあるスーダンは、米国の影響力が弱い半面、投資や援助を通じてUAEとサウジが影響力を持ち、ロシアもアプローチを強めていた国だ。エリトリアは多数の国民が難民として国外に逃げ出す破たん国家であり、その政府が国連総会のロシア非難決議に反対を繰り返すロシア側の国である。これらの国とサウジが紅海を挟む格好になる（図表1－3）。

とりあえずは地図の上での変化にすぎないかもしれないが、ペルシャ湾と紅海が「BRICSの海」になることは、資源の輸送やグローバルな物流の面で、西側諸国にとって好ましい変化とはいえないだろう。

23年のBRICS首脳会議のホスト国、南アフリカは、アフリカの国が加わることに反対

図表1-3　中東の地図

ではないが、中ロが主導する形でBRICSが拡大し、イランも加盟して反米欧の色彩が強まるのは好ましくないと考える。中国や中東からだけでなく、西側諸国からの直接投資や経済援助がこれからも続くことが、多くのアフリカ諸国にとって重要だからだ。

ブラジルはアルゼンチンの参加を肯定していたが、対外債務問題を抱えるアルゼンチンが中国への依存を強めることは懸念していた。ブラジルもインドも、BRICSのメンバー増加と並行して、中国の主導権が一方的に強まっていくのは強く警戒している。

結局、23年8月のBRICSサミットの際に、モディ首相と習近平主席は立ち話をした程度で、2国間の首脳会談は設定されなかった。そして、習近平主席は同年9月にニューデリーで開催するG20の首脳会議を欠席することになった。

日本のグローバルサウスに対する意識

米欧中心の秩序への不満や反発という点で、中国やロシアと主張の一部は重なるが、めざす目的は同じではないインドやブラジル。これらグローバルサウスの有力国の考え方を理解し、ちゃんと対応していくことが、西側諸国の外交、日本の外交で重要になる。ロシアのウクライナ侵攻が始まってから最初の数カ月間は、日本のグローバルサウスへの関心はまだ弱かった。22年6月、シンガポールで開かれたアジア安全保障会議（シャングリラ・ダイアローグ）で基調講演をした当時の岸田首相は、「ウクライナの現状は明日の東アジアかもしれない」と危機感を示し、人権など普遍的な価値とルールに基づく国際秩序維持の重要性を訴え、日本の防衛力を抜本的に強化する決意を表明した。しかし、講演のテキストの中に「グローバルサウス」ということばは、一度も登場しなかった。

23年1月、ワシントンで講演する当時の岸田首相
（内閣広報室）

この基調講演のタイミングは、ドイツでのG7首脳会議やスペインでのNATO首脳会議に出席する直前だった。講演の場所はシンガポールでも、会議の主催者は英国の国際戦略研究所（IISS）であり、西側諸国向けのスピーチという印象も強かった。

23年に入ると、グローバルサウスは重要という認識が明確になる。岸田氏が23年1月13日、ワシントンにあるジョンズ・ホプキンス大学の高等国際関係大学院（SAIS）で行った講演は、グローバルサウスとの関係重視をはっきりと示す内容だった。

ワシントンでの講演で、岸田氏は今後の日本の外交課題への対応について、「志を同じくする国々、特にG7諸国の結束強化」「グローバルサウスとの関係」「中心的課題である中国との関係」――の3つの項目にまとめて説明し、中国と向き合う際にも、

G7の結束に加えて新興国との協力関係が重要になるとの認識を示した。「いまの世界は単一の価値観には収斂《しゅうれん》しない」「われわれの価値観を、そのまま押し付けることはできない」「彼らの歴史や文化の背景を理解したうえで、ルールに基づく国際秩序という原則を共有することが重要になる」「われわれが正しいと思う道を進んでも、グローバルサウスから背を向けられると、問題の解決がおぼつかなくなる」

ワシントンでの講演で岸田氏は、グローバルサウスとの関係がなぜ重要かの説明に時間を割いた。岸田氏がG7諸国を歴訪していたのと同じ週に、インドのモディ首相が「グローバルサウスの声サミット」を主催していたのを、日本政府も意識せざるを得なかっただろう。G7が結束を強めても、新興国とすれ違いのままではまずい。23年にG7の議長国を務める日本の首相が、自らその問題点を認めたところに、ワシントンでの講演の新味があった。

ところが、日本のほぼすべてのメディアは、この講演の「グローバルサウスとの関係」の部分を無視した。「G7諸国の結束を強めて中国と向き合う」という趣旨なら、この講演を聞くまでもない、いつもの話である。グローバルサウスということばが日本の首相の演説に繰り返し登場したのがニュースだったのに、意味がよく伝わっていない。23年1月の時点では、「グローバルサウス」あるいは「グローバル・サウス」とカタカナで入力してインターネットで検索しても、南北問題や途上国経済に関する説明しか出てこなかった。

政治的な意味がよくわからないので、日本のメディアはこの時点ではほとんど報道せず、講演の当日、翌日にグローバルサウスが日本で話題になることもなかった。しかし、岸田氏は講演から10日後の23年1月23日、国会の施政方針演説でも「いわゆるグローバルサウスに対する関与を強化していく」と繰り返した。

岸田氏は、日本がグローバルサウスへの関与を強め、23年に日本が議長国であるG7とインドが議長国であるG20の橋渡しに努めることを当面の外交のテーマにし、5月のG7首脳会議（広島サミット）の課題に据えたのである。

広島サミットとグローバルサウス

23年5月19〜21日に開かれた広島サミットには、G7各国首脳やEU代表とは別に、インドのモディ首相、インドネシアのジョコ大統領、ブラジルのルラ大統領らが招かれ、アフリカ東部の島国コモロのアスマニ大統領もアフリカ連合（AU）の議長国首脳として会議に加わった。サミット報道では、ウクライナのゼレンスキー大統領のサプライズ参加が大きな話題になったが、グローバルサウスの首脳を交えた拡大会合も注目すべき試みだった。

23年５月、広島サミットで新興国参加の拡大会合
（ZUMA Press/ アフロ）

広島サミットの首脳宣言には「包摂的で強靭な世界を実現するため、パートナーと協働していく」という一項が盛り込まれ、インド、インドネシア、ブラジル、コモロなどの首脳の参加を歓迎したことを明記した。そして「力や威圧による一方的な現状変更の試みに反対する」と、名指しを避けつつ中国やロシアをけん制した。そのうえで、Ｇ７と新興国・途上国が協働を進めるべき課題として、脱炭素化に向けたエネルギー転換や気候変動対策、パンデミック（世界的な規模で広がる感染症）への対応などをあげ、グローバルな食料安全保障については別に行動声明も出した。

広島サミットの後、23年10月に日本政府は「グローバルサウス諸国との連携強化推進会議」を設置し、具体的な連携策の取りまとめを進めた。自民党も政府の推進会議設置に先立って「日・グローバルサウス連携本部」を設置し、同年12月の日本ASEAN友好協力50周年のイベントに合わせ、12月初めに提言を行った。

そして、日本政府は23年12月18日に、アジアで脱炭素化と経済成長、エネルギー安全保障を同時に達成することをめざす、アジア・ゼロエミッション共同体（AZEC）を立ち上げる首脳会合を開いた。AZECは日本が中心となり、ミャンマーを除くASEAN諸国とオーストラリアが参加する。具体的な連携策としては、脱炭素に向けた工程表づくりやルールの整備に関する協力と、日本の省エネ技術や水素関連技術の提供などがあがっている。

経団連も24年4月に「グローバルサウスとの連携強化に関する提言」を発表した。エネルギー分野での協力や、通信インフラの整備、QRコードを利用した決済システムの普及などを中心に、日本の官民が協力して連携を進める態勢が次第に整ってきた。

もう一度、23年5月のG7の首脳宣言と行動声明に話を戻そう。

広島サミットの文書に列挙されている、エネルギー転換の問題、パンデミックの問題、食料供給の問題は、「グローバルサウス」ということばが再び注目を集め、国際情勢のキーワードとしてよみがえるきっかけになった問題でもある。どういう経緯で、このことばが再び注目を集めるようになったのかを、次の章で詳しく見ていこう。

第2章　グローバルサウスの覚醒

引き金は気候変動とエネルギー転換

「グローバルサウス」（Global South）は、もともと冷戦時代に生まれたことばだ。第２次世界大戦が終わった後、アジアやアフリカなどで植民地だった多くの国々が独立した。当時、ほとんどの国は所得水準が低く、工業化が遅れていた。冷戦時代の初期に、多くの発展途上国をひとくくりにする概念として、まず「第三世界」ということばが生まれた。その後、先進工業国と発展途上国の経済格差と利害の対立を意味する「南北問題」が、国際政治の大きな焦点になり、南北問題を語る際に先進工業国の総称として用いるグローバルノース（Global North）の対語として、グローバルサウスという途上国の総称が用いられるようになった。

１９８０年代末に冷戦が終わり、90年代から経済のグローバル化が進展した。途上国の経済が成長する中で、南北問題自体を過去の問題とみなす傾向もあった。この時期にもグローバルサウスは完全な死語にはならなかった。グローバリズムに批判的な人たちが、グローバル化の恩恵から取り残されている途上国や、そこに暮らす人々を指す象徴的なことばとして、グローバルサウスを用いる例が続いた。

そして、２０１０年代の後半から、先進国に対してもの申す新興国・途上国の総称として、グローバルサウスということばが再びつかわれるようになる。主なきっかけになったのは、気候変動とエネルギー転換の問題だ。これに、新型コロナウイルスの感染拡大や、ウクライナ危機に伴う食料やエネルギーの価格高騰の問題などがからんでいく。

この章では、発展途上国を指す呼び名の変遷から、いまの時代につながる国際関係の変化を振り返り、今日またグローバルサウスが注目されている意味を考えてみる。

冷戦と「第三世界」

冷戦時代には、米国のほか、英国、ドイツ、フランスなど西欧諸国を中心とする西側の陣営と、当時のソビエト連邦（ソ連。今日のロシア、ウクライナ、ベラルーシ、ジョージア、中央アジア諸国などで構成）が東欧諸国などを従える形の東側の陣営が政治的に対立していた。自由選挙に基づく民主主義体制と、共産党独裁による専制主義的体制。資本主義的な市場経済と、社会主義的な計画経済。イデオロギー的に対立し、政治、経済の体制が異なる国々が、それぞれ米国と西欧諸国が加盟する北大西洋条約機構（ＮＡＴＯ）、ソ連と東欧諸国で構成するワルシャワ条約機構という２つの軍事同盟のメンバーとして、にらみ合っていた。

ヨーロッパを中心に、その東側と西側の間に政治と軍事の対立と緊張が存在した。真っ二つに割れ、２つの陣営の境界がはっきりしていたのは、主に世界の北のほうの地域だ。それ

図表2-1　国連加盟国数の推移

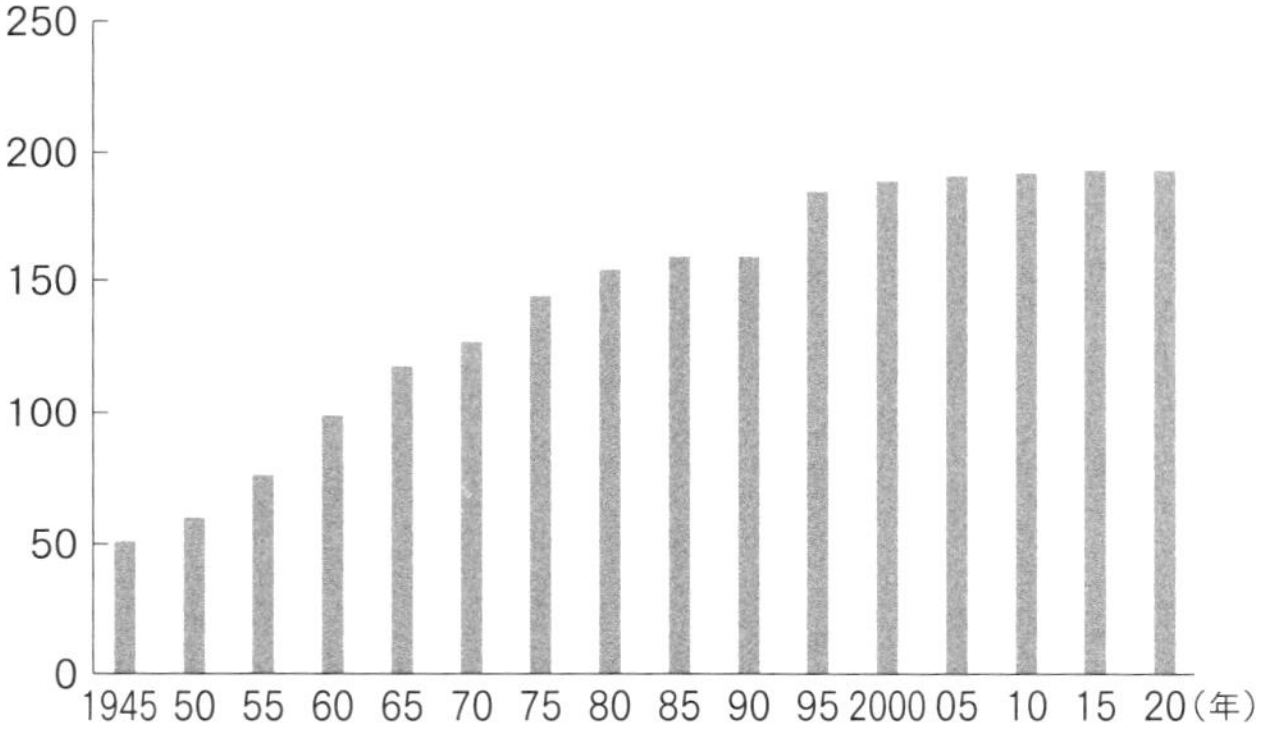

出典：国連広報センター

より南にある、アフリカ、中東、南アジア、東南アジア、中南米といった地域では、ソ連と米国の陣取り合戦の動きがある一方で、どちらの陣営ともいえない国がたくさんあった。

冷戦時代に、発展途上国は「第三世界」（フランス語 Tiers Monde、英語 Third World）と呼ばれ始めた。名付け親はフランスの経済学者、人口統計学者のアルフレッド・ソーヴィ氏で、１９５２年に世界を3つに区分し、資本主義の西側諸国を「第一世界」、共産主義のソ連を中心とする東側諸国を「第二世界」（当初は中国も含まれた）、それ以外の地域の総称を「第三世界」とした。ソーヴィ氏は第三世界を「無視され、搾取され、さげすまれているが、それでも何かになりたいと思っている」と表現していた。

第一世界、第二世界という呼び名以上に、第三世界という呼び名が冷戦時代に広く世界に浸透した。欧米で第三世界というと、「経済発展が遅れている貧しい国」というある種の差別感を伴うイメージになりがちである。ただし、左翼運動で第三世界というと、「帝国主義的な抑圧を受け、搾取されながら、それに抵抗し、自立をめざしている」というような響きがあった。日本でも60年代、70年代に、大学のキャンパスで「第三世界と連帯」などと書かれた立て看板をよく見かけた。筆者も、第三世界ということばを聞くと、ラテンアメリカの革命家チェ・ゲバラのベレー帽にひげの肖像を思い出す世代である。

第三世界の定義はかなりあいまいなので、キューバは第三世界か第二世界かといった問いも当時よくあった。それでも「第三世界」ということばがポピュラーになったのは、厳しい状況に置かれている人々の抵抗のエネルギーも想起させることばだったからだ。当時はアートや文学でも、「第三世界」は注目されるテーマだった。

独立後に大国からの政治的、経済的な自立をめざしていた国々は、地域を超えて連帯し始める。その潮流の重要な基礎となったのが、54年に当時の中国の周恩来、インドのネルーの両首相が会談して打ち出した平和五原則だ。領土・主権の尊重、相互不可侵、内政不干渉、

55 年のアジア・アフリカ会議には 29 カ国が参加（AP/ アフロ）

平等互恵、平和共存。この5つの原則を平和友好の基礎とすることを確認したネルーは、「すべての国家間の関係でこれらの原則を認めれば、戦争は起きなくなる」と語ったという。

翌55年にインドネシアのバンドンで29カ国が参加したアジア・アフリカ会議が開かれ、平和五原則を拡充して基本的人権・国連憲章の原則尊重、すべての人種・国家の平等、自衛権の尊重などを盛り込んだ平和十原則を発表した。バンドン会議には周恩来、ネルー両首相のほか、議長を務めたインドネシアのスカルノ大統領、エジプトのナセル大統領などが参加していた。

これに続いて、東欧の国なのに東側陣営から締め出され、独自の社会主義政策を進めていたユーゴスラビア（当時）のチトー大統領が、56

年にネルー首相、ナセル大統領と会談して、非同盟運動が動き出す。25カ国が参加して第１回の非同盟諸国会議がユーゴスラビアのベオグラードで開かれたのは61年だ。その年は、米国が革命後のキューバと断交し、欧州では「ベルリンの壁」が築かれた年でもあった。ベオグラード会議の宣言は、帝国主義や植民地主義への反対を唱えただけでなく、米ソ両国に戦争の危機を回避するよう求めた。そのくらい東西の対立が激しく、緊張のレベルが高まっていたのである。

南北問題と経済開発

経済について、南北問題という概念が定着したきっかけは、１９５９年から数年の間にオリバー・フランクス英ロイズ銀行会長（当時）が世界各地で行った講演だったとされている。フランクスは英国政府の要職を歴任し、第２次大戦後には駐米大使を務めたほか、いくつかの国際組織の創設にも関与した人物だ。

イデオロギー、政治、軍事の対立は東側と西側の間にあるが、経済をめぐる大きな問題は北の先進工業国と南の発展途上国の間にあるとフランクス会長は説いた。そして「生まれたばかりで貯蓄の乏しい途上国が産業と経済を発展させ、専制的、独裁的な政治体制にならな

61年1月、ケネディ大統領は就任演説で援助も重視
（AP/アフロ）

いですむようにするために必要なのは、先進国からの援助」と繰り返し訴えた。西側陣営が南の国々の問題にちゃんと対応しないと、東側陣営に勝てないという問題提起でもあった。

多くの発展途上国は独立後も、加工されていない鉱物や農産物など一次産品の輸出に頼っていた。一方で機械や自動車、家電製品など工業製品の大半は輸入した。経済開発に必要な資金の多くも、先進国や国際機関からの借り入れに頼った。その結果、多くの途上国は、貿易収支の赤字拡大と対外債務の増加という問題に直面していた。

米国では61年1月にケネディ大統領が就任し、就任演説では、途上国援助の重要性も強調していた。「世界の人口の半分を占める集団的困窮からの脱出に苦闘している人々に対し、彼らの自助努力を支援するため最大限の努力をする」「国境の南に位置する国々と発展のための新しい同盟を結び、自由な民衆と自由な政府が貧困の連鎖から抜け出せるように尽力する」。ソ連との核戦争の危機、第三世界をめぐる東側陣営との対抗関係の中で、ケネディ政権は途上国への経済支援を重視する姿勢を示した。

米政権の呼びかけに応える形で、61年の国連総会は1960年代を「国連・開発の10年」とすると宣言し、途上国全体の経済成長率の目標を年5％に定め、先進国からの援助を増やすことを決議した。貿易と投資を通じて途上国の経済開発を進める目的で、国連貿易開発会議（UNCTAD）が創設されたのは64年だ。これに伴い多くの途上国が集まってG77（77カ国グループ）と呼ばれるグループを結成した。77という数字は前年63年の準備会議に集まった国の数に由来する。G77はその後、メンバー数が134カ国（24年10月末の同グループのHPによる）に増え、いまも途上国の利害を代表するグループとして存続している。

G77が結成された当時、天然資源の開発や販売、価格の設定などは、多くの国にまたがってビジネスを展開する先進国の巨大企業（国際資本＝メジャーと呼ばれる）がコントロールしていた。資源を産出する途上国では、自国の利益を確保するために資源を自国の主権の下に置いて管理し、自ら生産、販売などの意思決定をすべきだという資源ナショナリズムの考え方が、次第に強まっていった。60年にイラン、イラク、クウェート、サウジアラビア、ベネズエラの5カ国が、石油メジャーに対して共同行動をとる目的で結成した組織が、石油輸出国機構（ＯＰＥＣ）の始まりである。

「南」「北」を明確にしたオイルショック

１９７０年代に入ると、世界経済は何度かの大きなショックに揺さぶられた。

最初の大きなショックは「ニクソン・ショック」。米国のニクソン政権が71年８月に、米国の通貨ドルと金を一定の比率で交換する制度をやめると発表したことだ。ドルの価値を金の価値によって担保するのをやめた米国は、ドルの価値を切り下げ、他の主要国通貨の価値を切り上げる交渉をして、いったん為替相場を固定した。しかし、その固定相場は長続きせず、結局73年２月にドルは再び切り下げられ、外国為替取引は変動相場制に移行した。

次の大きなショックは、73年10月に始まった第１次石油危機（オイルショック）である。今日ではこの危機について、第４次中東戦争に連動してサウジアラビアなどアラブの産油国が、イスラエル支持国とみなした米国やオランダへの原油輸出を禁止すると決めたため起きた、と説明されることが多い。これは石油危機のアラブ民族主義的な側面の説明である。

このほかに、60年代から強まっていた資源ナショナリズムの具体化という側面がある。つまり、価格決定権がメジャーから産油国に移ったということだ。そして、ニクソン・ショックとその後のドル切り下げで目減りした原油輸出収入を、値上げによって早急に補い、さらに値上げして収入を増やしたいという産油国の財政のニーズも要因にあげられるだろう。

ペルシャ湾岸の産油国が、石油メジャーと結んだ71年のテヘラン協定、72年のジュネーブ協定など、既存の協定を改定して産油国側の取り分を増やそうと動き出していた時期に、第４次中東戦争が起きた。

エジプト、シリアと、イスラエルの戦争は36日間で停戦合意の署名に至った。この間に湾岸産油国は原油販売の目安となる公示価格を、１バレル３・01ドルから５・11ドルに引き上げると発表した。これに続いて湾岸産油国は、原油価格を74年１月からさらに２倍以上に引き上げ、１バレル11・65ドルにすると決めた。

オイルショックというと、突然起きた印象があるが、当時のサウジのファイサル国王は73年に入ってから、直接、間接に何回も、原油の供給カットがあり得るというメッセージを米政府に伝え、パレスチナ問題への取り組みを強めるよう求めていた。ところが、そのころの

73年10月、ヤマニ・サウジ石油相（左から2人目）らが価格引き上げ表明（AP/アフロ）

ニクソン政権はウォーターゲート事件の対応に追われ、サウジの注意喚起に反応しなかった。戦争が始まると米国はイスラエルへの緊急軍事支援を優先し、サウジも米国との協力関係を考慮する状況ではなくなった。石油危機には、そういう政治のサイドストーリーもある。

73年から74年にかけての原油価格の大幅上昇は、日本で「狂乱物価」と呼ばれたような高率のインフレと、深刻な景気後退を世界に広げた。オイルショックの余震が続く74年に国連は資源特別総会を開き、G77の主張に沿って天然資源への国家主権の行使を認め、平等と公正の原則に基づく貿易拡大をめざす新国際経済秩序（NIEO）の宣言を採択した。

そして、78年に始まり79年に王制が倒れたイラン革命に伴って、当時世界第3位の産油国だったイランか

図表2-2　原油価格の推移

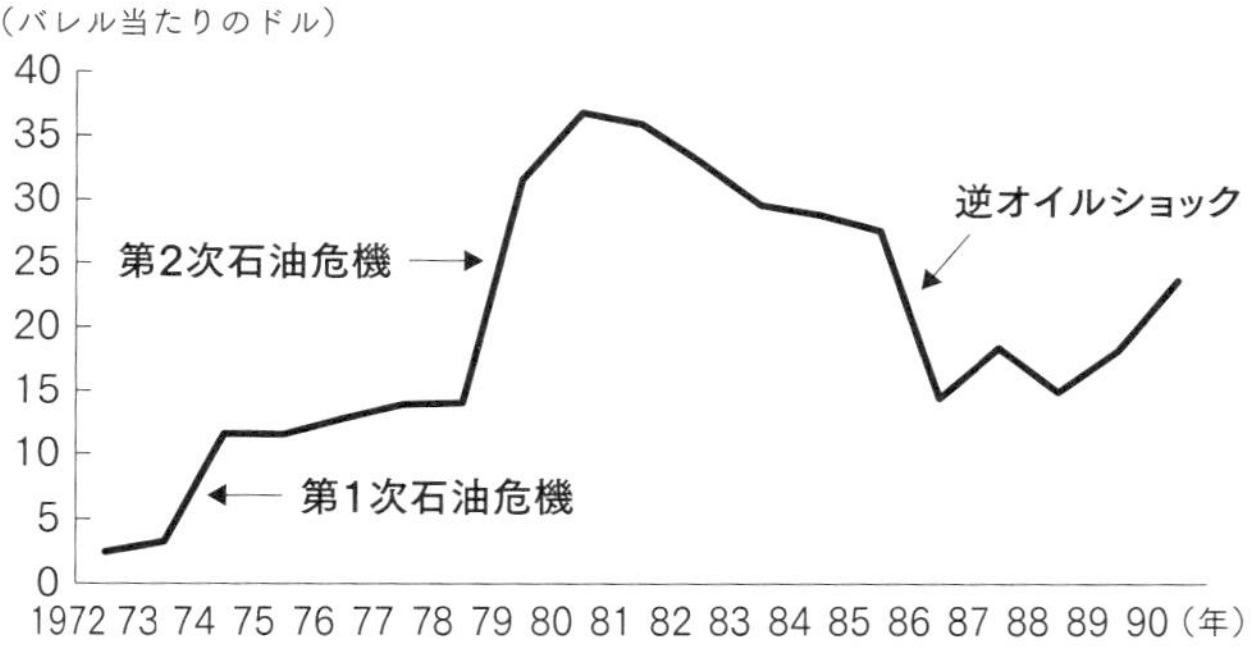

※1983年以前はアラビアンライトの公示価格
※1984年以降は北海ブレントの現物価格
※価格の数字は年間平均
出典：Energy Institute の統計2023年版を基に筆者作成

らの原油輸出がしばらく止まった。これと並行してＯＰＥＣは78年12月に段階的な原油価格の引き上げを決め、第２次石油危機が起きた。

２度の石油危機を経て原油価格は10倍以上に上がり、80年にイラクがイランと戦争を始めたため、原油価格はさらに上昇した（**図表２‐２**）。

原油価格の大幅な上昇は、石油消費国から産油国への所得の移転を伴う。途上国の中でもサウジアラビアなど中東の産油国の所得水準が上がる一方、産油国ではない途上国は大きな打撃を受けた。原油のほとんどを輸入に頼る日本をはじめ、西側諸国の打撃も大きかった。

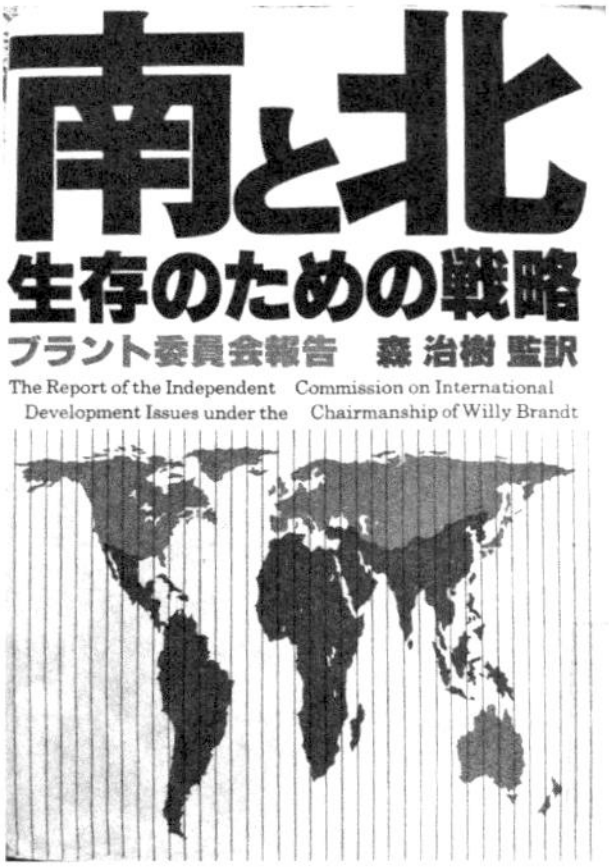

ブラント委員会報告の日本語版表紙。「北」が赤く、「南」が青く塗られている

国連は77年に、西ドイツ（当時）のブラント元首相を委員長として、先進国と途上国の経済関係について世界の有識者が話し合う独立委員会を設置した。79年には国連総会で、貿易、金融、エネルギーなど主要な5つの分野の問題を同時に協議する南北包括交渉（グローバルネゴシエーション）の提案が採択された。ブラント委員会が80年に発表した報告書（原題「North-South : A Programme For Survival」、邦題は南北を入れ替えた「南と北—生存のための戦略」）は、緊急計画として先進国から途上国への大規模な資金移転を実施するよう求め、問題の解決をめざすため世界の国々の中の主要なグループを代表する25人の首脳による協議を開催するよう呼びかけて、世界的に注目された。

ブラント委員長は報告の序章で、「南北間の緊張が東西の対立を複雑にし、第三世界の国々は核大国の抗争の舞台になりかねない」「南北の緊張は平和を脅《おびや》かすだけでなく、適切な経済関係の発展を妨げる」という問題意識を示した。そして、委員会報告の表紙の世界地図は、西側陣営の先進国と東側陣営のソ連・東欧諸国の双方を合わせて、工業の発展した「北」に区分して赤く塗り、ラテンアメリカ、アフリカ、中東の国々と、日本以外のアジア地域を途上国である「南」として青く塗っていた。

その塗り分けは、北と南の分断状況を強く印象付けた。南のほうにあるオーストラリアとニュージーランドが「北」に区分されて赤く塗ってあるのも目を引いた。ブラント委員会報告と表紙の鮮烈な印象は、第三世界の言い換えとして一部でつかわれていたグローバルサウスということばを、途上国の総称として広く用いるきっかけになったともいわれている。

先進国、途上国の立地は、地理上の北半球と南半球にピタリと対応しているわけではない。すべての先進国が途上国より北に位置しているとも限らない。グローバルが付くことによって、地球上の「広い意味で北のほう・南のほう」という意味合いになるようだ。

南も北も一枚岩ではなかった

ブラント委員会報告が力説した大規模な資金移転は、世界規模でのケインズ政策とも評された。ただし、第２次石油危機に伴う不況の下にあった先進国に、そのような政策を進める余裕はなかった。首脳による協議開催の呼びかけについては、81年にメキシコのカンクンに

22カ国の首脳と国連のワルトハイム事務総長が集まり、初の南北サミット「協力と開発に関する国際会議」が開かれた。

G7からこの会議に出席したのは、米国のレーガン大統領、英国のサッチャー首相、フランスのミッテラン大統領、日本の鈴木善幸首相、カナダのトルドー首相（現首相の父）など。「南」の側からはホスト国メキシコのポルティーヨ大統領、インドのインディラ・ガンジー首相、タンザニアのニエレレ大統領、アルジェリアのベンジャディード大統領、フィリピンのマルコス大統領（現大統領の父）、サウジアラビアのファハド皇太子（翌年に国王即位）らが出席した。ソ連は会議に参加しなかったが、中国からは当時首相だった趙紫陽氏が出席した。これほど多彩な顔ぶれのリーダーが集まったこと自体が、当時の大きなニュースだった。

この南北サミットでは、南北包括交渉の開催について「互いに合意した基礎に立ち」「意味のある進展が見込まれる状況の下で」という条件が付いた。条件付きで合意という報道も多かったが、事実上の先送りだった。以後、南北サミットが再び開かれることはなかった。

先進国側でフランスなどは包括交渉に前向きな姿勢を見せたが、米国は消極的だった。米国でレーガン政権、英国でサッチャー政権が登場したこの時代は、小さな政府をよしとし、政府の市場への関与を排す新自由主義の影響力が強かった時代だ。途上国への資金移転につ

81年、南北サミットに集まった当時の首脳たち（AP/アフロ）

いて、レーガン大統領は「多額の援助が経済発展に役立つと考えるのは誤り」と語っていた。

途上国側でも、国ごとの意見の違いや、めざす目標の違いが、明らかになっていた。その背景にあったのは、途上国の間の所得格差の拡大、いわゆる「南南問題」だ。資源価格の上昇で、サウジなど産油国の所得水準が上がった。「アジアの四小竜」と呼ばれた韓国、香港、台湾、シンガポールや、中南米のメキシコ、ブラジルなどは工業化が急速に進み、所得水準も上昇した。これらの国や地域は新興工業国群（ＮＩＣｓ）として途上国から区分されるようになり、80年代後半には新興工業経済地域（ＮＩＥＳ）という呼び方も広がった。

一方で、所得水準がかなり低く、教育や医療などの社会への浸透が遅れている後発の途上国（least developed countries）も多数あった。ＮＩＣｓやＮＩＥＳと後発途上国が1つのグループとして国際会議に臨もうとしても、コンセンサスの成立は難しい。

冷戦終結とユーフォリア

そして、東西の冷戦の終結が、南北の関係を大きく変えていく。

冷戦が終結に至ったのは、ソ連の社会主義体制が行き詰まったからだ。その経済的な理由として、米国のレーガン政権が進めた軍拡計画への対抗でソ連経済が疲弊したという話がよく語られるが、冷戦終結の前後に筆者がいろんな国を取材した実感からいうと、エネルギーコストと産業競争力の変化も大きな要因だった。

2度の石油危機で、西側諸国では石油価格が急騰し、エネルギーコストが急増した。西側の企業、特に日本の企業では省エネが至上命題になり、生産プロセスの効率化、自動車や飛行機の燃費の改善、そのための車体や機体の軽量化などに徹底的に取り組んだ。

一方、当時のソ連が東側の国々に供給する原油の価格は、その前5年間の国際市場の価格の平均値を基準としたので、価格上昇が続いた70年代には常に西側よりかなり安かった。ソ連は国際市場価格がすぐに反映される西欧諸国向けの原油輸出の収入を大幅に増やすと同時に、東側諸国向けには割安な価格で原油を供給した。ソ連も東欧諸国もオイルショックによる西側諸国の混乱を見て、東側が優位に立ったと錯覚した。東側の省エネ努力は甘く、燃費を減らすための軽量化も遅れた。西側の旅客機の座席の前のテーブルが軽いプラスチック製になっても、ソ連製の旅客機のテーブルはずっと重たいスチール製のままだった。

東側の国の工場のほうが石油や石炭の燃焼効率が悪かったから、排出物も多くなり、東側の都市の大気汚染は西側の都市よりはるかに深刻と感じられた。

80年代半ばから、いわゆる逆オイルショックで原油価格が大幅に下がった。ソ連が西側に輸出する石油のドル建て収入は激減した。85年のプラザ合意の後、他の主要通貨に対するドルの価値も下がっていた。石油の価格が大幅に下がって、西側に不利なエネルギーコストのハンディキャップもなくなり、東側の工業製品は西側の製品との競争に耐えられないことが明らかになった。ブラント委員会報告でともに「北」の工業国として扱われたヨーロッパの西側と東側の間で、工業製品の競争力に決定的な差が付いたことも冷戦終結の一因だろう。

89年にベルリンの壁が崩壊し、当時の米国のブッシュ（父）大統領と、ソ連のゴルバチョフ共産党書記長が「冷戦の終結」を宣言した。冷戦後に入って、西欧の国々は冷戦中に鉄のカーテンで隔てられていた中欧や東欧の国々を再び同じヨーロッパの一員として迎え入れることを最優先し、米国もそれを後押しした。

89年12月、米ソ首脳がマルタで「冷戦終結」を宣言
（TASS/アフロ）

経済面では、冷戦時代にコメコン（経済相互援助会議）というソ連を中心とする共産圏の経済機構のメンバーだった国々が、市場経済に移行していくのを支援することが特に重要だった。そのために、米国、フランス、ドイツ、英国、イタリア、日本が主に出資して、欧州復興開発銀行（ＥＢＲＤ）という新しい国際開発金融機関が91年に設立された。初代のＥＢＲＤ総裁に就任したのは、当時のミッテラン・フランス大統領の側近で、作家・思想家でもあるジャック・アタリ氏だった。

冷戦終結直後には、「欧州共通の家」（Common European Home）というキーワードが、よくつかわれた。もともとゴルバチョフ氏が提唱した一体化のビジョンであり、「大西洋からウラル（ロシアのウラル山脈）まで」というキャッチフレーズが知られていた。さらに風呂敷を広げて、北米の太平洋岸からずっと東に向かい、ロシアの極東地域まで政治の壁がなくなるという意味で「バンクーバーからウラジオストクまで一体化」という人もいた。

ロシアと米欧が激しく対立しているいまでは信じられない話かもしれないが、１９９０年代の初めの数年は、そのくらい冷戦後の世界についてのユーフォリア（幸福感が過大な心理状態）や、世界一体化への期待が広がっていた。

東側陣営にいたヨーロッパの国々は工業の歴史があり、教育水準も高い。発展途上国とは別のカテゴリーとして、新興市場国（emerging market countries）といった区分に含める例が多かった。冷戦終結前から経済成長と所得水準の上昇が注目され、ＮＩＣｓやＮＩＥＳと呼ばれるようになっていたアジアや中南米などの国や地域と合わせ、「新興経済国」(emerging economies) あるいは単に「新興国」(emerging countries) という呼び方が定着していく。

「援助から投資へ」

冷戦終結の時期をはさんで、１９８０年代後半から90年代には、戦略物資と呼ばれることもある原油などが市況商品の性格を強めた。ＯＰＥＣ諸国は、原油の販売価格の設定を市場価格に連動する方式に変更していった。90年代は基本的に資源価格低迷の時代であり、それが一部の産油国も含めた新興国・途上国の対外債務問題にもつながっていった。

80〜90年代の途上国援助で、大きな焦点になったのは、国際通貨基金（ＩＭＦ）や世界銀行による「構造調整政策」だ。中南米の国々で対外債務の返済が困難になる債務危機が起きたのをきっかけに、貸し手の側のＩＭＦや世銀は、借り手の国のマクロの経済状況を安定させる目的で、補助金削減による財政赤字の圧縮、規制緩和、国営企業の民営化など、経済構造を改める政策を勧告し、その政策遂行を条件に融資を実行するやり方を増やした。

アフリカなどでは、補助金カットなど緊縮財政的な政策が、社会や政治の不安定化につながる例が多かった。アジアでも97年の金融危機の際には、「構造調整は低所得層への打撃が大きい」という不満が噴き出した。98年1月に、当時のスハルト・インドネシア大統領が構造改革実行を約束する文書に署名し、ＩＭＦのトップであるカムドシュ専務理事が腕組みをしてそれを見下ろす写真は、アジア諸国に屈辱感と反発を広げた。

援助をめぐる摩擦の一方で、「援助から投資へ」という冷戦後の経済グローバル化に沿った大きな変化が続いていた。冷戦時代の東西の陣取り合戦のような大国からの援助はとりあ

98 年１月、署名中のスハルト・インドネシア大統領を見下ろすカムドシュ IMF 専務理事＝いずれも当時（ロイター / アフロ）

えず90年代には姿を消した。国際機関や先進国の多くは財源の不足に直面していたうえ、旧共産圏諸国への支援を優先的に進める必要が生じていた。

旧共産圏諸国への支援でも、構造改革を各国に求め、投資環境を改善した国には民間の投資資金が入るという道筋をつくることが重要だという声が強まった。90年代前半に筆者の主要な取材先の一つだったＥＢＲＤでは、米国出身のフリーマン副総裁が「基本的に投資銀行であるべきで、問題を抱えた国を助ける病院になってはダメだ」と強く主張するようになった。東西の一体化のロマンが先行気味だったアタリ総裁が、93年に任期の途中で辞任した背景にも、援助から投資へという大きな流れの変化があった。

欧州連合とアフリカや中東の国々との関係も、

90年代後半から21世紀の初頭にかけて大きく変わった。ＥＵは地中海沿岸のアラブ諸国に対し、各国の経済構造改革の進展の度合いに応じてＥＵとの自由貿易協定の対象とするか否かを決める考えを、繰り返し示した。エジプト、チュニジア、モロッコなどは、ＥＵ向けの輸出増加につながると考えて、規制の緩和、補助金の削減、財政赤字の削減、国営・公営企業の一部民営化などの改革に着手した。

「団結」から「競争」へと転じた途上国

ＩＭＦや世銀による構造調整の押し付けは反発を招いたが、各国が自ら改革を進めると、国際的な評価は確実に上がる。外国企業の直接投資に関する政府の窓口の一本化、会社設立の手続き簡素化などが実現すると、世界銀行が公表していた「ビジネスのやりやすさ」ランキングの順位が上がっていく。補助金の削減や、政府が持っている国営企業の株式の一部売却などを実施し、財政収支が改善する見通しになると、世界の有力な格付け会社の各国に対する格付けの評価も上がる。そうすると、先進国企業の直接投資を誘致しやすくなる。財政に必要な資金を、いわゆるユーロ債の発行によって国際資本市場から調達する道も開ける。

後に「アラブの春」で政権の座を追われることになるエジプトのムバラク大統領は、２０

2001年にサウジアラビア政府が東京で開いた投資セミナーの様子。サウジ側は構造改革が始まり、投資環境が改善しつつあることを強調した（筆者撮影）

００年にカイロで開いたＥＵ・アフリカ首脳会議の演説で「われわれの目標は、より多くの援助を獲得することではない」と強調した。各国が経済構造改革を進めて先進国から投資を引っ張ってくる時代になった、という認識の表れだ。

90年代の初めごろにエジプトの政府関係者は、「レーティング（格付け）って何だ」と言っていた。それから何年も経たないうちに、エジプト政府が作成する投資誘致のパンフレットには、格付け会社Ｓ＆Ｐのエジプトに対する評価が載るようになった。

90年代から21世紀の初めにかけて、アラブ諸国が一斉に進めたのは、投資に関する法律の外国資本に対する規制を緩め、外国企業の進出を歓迎する方向に変えることだった。各国は競うように外国企業向けの投資セミナーを開催し、自国の投資環境がいかに改善したかの宣伝に努めた。

こうした中東の例が示すように、途上国が団結して先進国に対抗する動きが弱まり、直接投資の誘致で途上国同士が競争する時代に変わった。これが冷戦後の経済グローバル化の一つの重要な側面である。

グローバル化の中で、外国から多くの直接投資を実現した国は、技術やノウハウの移転によって産業を多角化し、天然資源以外の輸出の増加によって大きな経済成長を遂げることが可能になる。それが所得水準の上昇と国民の購買力の増加につながり、個人消費が拡大して経済成長を支えていく。中国はグローバル化の最大の受益者であり、2001年12月に世界貿易機関（WTO）に正式加盟したことは、高度成長の大きな追い風になった。

IMFのデータベースによると、1990年に3966億ドルだった中国のドル建て名目国内総生産（GDP）は、2000年に1兆2055億ドル、2010年に6兆338億ドルと、20年間で15倍以上に増え、日本を抜いた。2020年には日本の約3倍になり、その後の超円安の影響もあって、直近では日本の4倍以上になっている（**図表2-3**）。

2001年に米国の投資銀行ゴールドマン・サックスのジム・オニール氏が、投資家向けにグループ化したブラジル、ロシア、インド、中国の4カ国（その後、南アフリカを加えて5

図表2-3　中国と日本の名目GDP

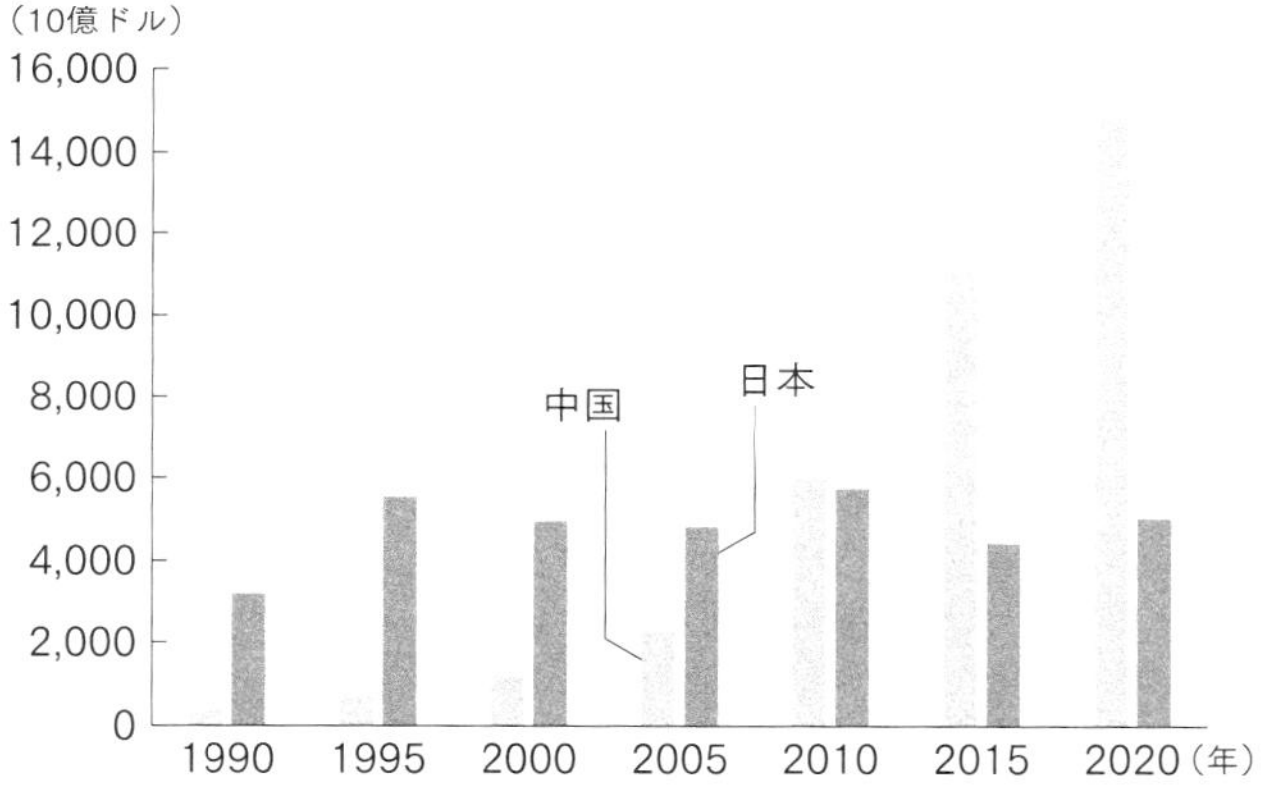

出典：IMFのWorld Economic Outlook Databaseを基に筆者作成

カ国）の頭文字を組み合わせたＢＲＩＣＳという呼び名は、主要な新興国の代名詞になった。新興国の急速な経済成長が続き、新興国と先進国の所得格差が縮小して、「南北問題は過去のことばになった」という声も聞かれるようになった。冷戦時代に「第二世界」と呼ばれた地域のかなりの部分はＥＵの加盟国になり、第一世界と第二世界の区分が無意味になった。それに伴って「第三世界」ということばがつかわれる機会も減った。

グローバル資本主義への抵抗

だが、そういう時代でも、グローバルサウスということばは死語にはならなかった。

経済のグローバル化には、ネガティブな側面もある。開発優先による環境破壊、投資や開発ブームから取り残された極端な貧困層の存在と格差の拡大、児童労働（義務教育の年齢の子どもが働かされていること）の問題などが、しばしば指摘されてきた。発展途上地域に見られる経済の負の側面を個々の国を超えて語るときに、グローバル化の恩恵が及ばない地域や人々を総称して「グローバルサウス」と呼ぶ例が多かった。冷戦時代の「第三世界」に抑圧への抵抗という響きがあったように、21世紀にグローバル資本主義を批判する論者が主につかってきた「グローバルサウス」にも、強《し》いられた苦難に抵抗しているという響きがある。

イデオロギー的な立ち位置とは別に、経済グローバル化の負の側面を認識することは、経済開発や経済成長を考える場合に重要な2つの命題の認識につながる。

1つは包摂的（inclusive）かどうか、もう1つは持続可能（sustainable）かどうかである。包摂的というのは、限られた人々だけが利益を得るのではなく、すべての階層や集団、地域を包み込んで、みんなに恩恵が及ぶようなという意味である。

包摂的な経済成長についての議論が活発になったのは、２０１１年の「アラブの春」でチュニジアとエジプトの独裁政権が相次いで倒れた後だ。高い経済成長率や1人当たりＧＤＰの増加などマクロの数字を見ると、チュニジアもエジプトも当時はＩＭＦや世界銀行にとって「優等生」だった。なぜ、そこで、政権があっけなく倒れたのか。大きな理由の一つは、投資ブームに乗って新たな富裕層が登場した半面、経済成長の恩恵をほとんど実感できない、きわめて貧しいままの国民が多数いたことだ。

その翌年、12年10月に東京でＩＭＦ・世銀総会が開かれた際に、世界のシンクタンクや援助機関の関係者が集まったセミナーで、キーワードになったのは包摂性（inclusiveness）だった。貧しい人たちも含めて、すべての社会階層が生活水準の向上を実感できるような経済政策が重要であり、途上国への援助ではすべての階層に恩恵が及ぶような包摂的な援助を考え実行すべきだ。そういう意見が、２０１０年代の前半に強まった。

もう一つ、冷戦終結前から世界の経済政策に大きな影響を及ぼすようになった考え方が、「持続可能な開発」(sustainable development) である。１９８７年に当時のブルントラント・ノルウェー首相を委員長とする国連の「環境と開発に関する世界委員会」が発表した報告書に、この概念が盛り込まれた。ひとことでいえば、経済開発を自然環境の保全と両立させ、持続可能なものにしていくという考え方である。

92年にブラジルのリオデジャネイロで国連環境開発会議（地球サミット）が開かれ、持続可能な開発の考え方を基本理念に盛り込んだリオ宣言と、その実現に向けた行動計画「アジ

92年の地球サミットは「持続可能な開発」を基本理念に
（AP/ アフロ）

エンダ21」を採択した。その10年後の２００２年に南アフリカのヨハネスブルクで「持続可能な開発に関する世界首脳会議」、20年後の12年には再びリオデジャネイロで「国連持続可能な開発会議」（リオ＋20）と、フォローアップの国際会議が開かれた。

この間、２０００年9月の国連総会で「ミレニアム宣言」が採択された。この宣言は「グローバル化が全世界の人々にプラスの力になるようにすることが、わたしたちが直面する中心的な課題である」とし、「いまのところ、グローバル化の恩恵は不平等に共有され、その代価は不平等に配分されている」との認識を示していた。このミレニアム宣言に基づいて、極度の貧困と飢餓の撲滅を第一にして、ジェンダー平等の推進や環境の持続可能性確保など、15年までに達成すべき８つの項目の「ミレニアム開発目標」（ＭＤＧｓ）が掲げられた。

12年のリオ＋20では、15年以降にＭＤＧｓを継承し、気候変動などへの取り組みを拡充する「持続可能な開発目標」（ＳＤＧｓ）を設定する方向が固まった。そして15年９月、ニューヨークの国連本部に世界各国の首脳が集まって開いた「持続可能な開発サミット」（国連サミット）で、「持続可能な開発のための２０３０アジェンダ」を採択し、17の到達目標（ゴール）を示すＳＤＧｓを定めた（図表2‐4）。今日、世界の多くの企業の経営や非政府組織（ＮＧＯ）の活動の、目標や指針に取り入れられているＳＤＧｓの登場である。ＳＤＧｓの説明の中でも目立つのは、包摂性と持続可能性という２つのキーワードだ。

２０３０アジェンダは、「われわれは貧困を終わらせることに成功する最初の世代になり得る。同様に、地球を救うチャンスがある最後の世代になるかもしれない。われわれが目標達成に成功すれば、２０３０年に世界はより良い場所になる」と記す。オバマ米大統領（当時）は国連サミットでの演説で「開発支援は未来への最も賢い投資だ」と強調すると同時に、気候変動対策について新たな枠組みの合意が不可欠だと力説した。

図表2-4　持続可能な開発目標（SDGs）

目標 1	あらゆる場所、あらゆる形の貧困を終わらせる
目標 2	飢餓を終わらせ、食料安全保障を実現、持続可能な農業を促進
目標 3	あらゆる年齢すべての人の健康的な生活を確保する
目標 4	すべての人に包摂的かつ公正で質の高い教育を提供する
目標 5	ジェンダー平等を達成、すべての女性のエンパワーメント促進
目標 6	すべての人の安全安価な水へのアクセスと持続可能な管理の確保
目標 7	すべての人の安価で信頼できる持続可能なエネルギーへのアクセス確保
目標 8	包摂的かつ持続可能な経済成長と、生産的で人間らしい雇用の促進
目標 9	強靭なインフラ構築、包摂的で持続可能な産業化とイノベーション促進
目標10	各国内および各国間の不平等の是正
目標11	包摂的で安全かつ強靭で持続可能な都市と人間の居住の実現
目標12	持続可能な生産と消費の形態の確保
目標13	気候変動とその影響を軽減するための緊急対策を実行
目標14	持続可能な開発のため海洋と海洋資源を保全し、持続可能な形で利用
目標15	陸の生態系の保護と回復、持続可能な森林経営、砂漠化への対処など
目標16	平和で包摂的な社会の推進、すべての人に司法へのアクセス提供など
目標17	持続可能な開発へ実施手段強化、グローバルパートナーシップ活性化

「共通だが差異ある責任」

多国間の外交の焦点はパリで始まった国連気候変動枠組条約の第21回締約国会議（ＣＯＰ21）に移り、15年12月にＣＯＰ21で合意したのがパリ協定だ。パリ協定は、①世界の平均気温の上昇を産業革命前と比べ２度より十分低く保ち、１・５度に抑える努力をする②できるだけ早く世界の温室効果ガス（二酸化炭素など）の排出量をピークアウトさせ、21世紀後半には吸収や貯蔵などとバランスさせて排出をネットでゼロにする――目標を掲げた。

１９９７年の京都議定書では、先進国だけが温室効果ガスの排出削減義務を負った。これに対しパリ協定は、新興国・途上国を含めて条約に加わっているすべての国に排出削減の努力を求める枠組みだ。55カ国以上の批准と、批准した国の温室効果ガス排出量の合計が世界の排出量の55％に達するという協定発効の条件は翌年に満たされ、16年11月に発効した。

ただし、米国では自国の削減義務が重く、中国などと比べて負担が公平でないという不満が根強い。京都議定書は結局、米国で批准されなかった。パリ協定はトランプ政権時代に米国が脱退、バイデン政権に代わった直後に復帰という曲折をたどった。

地球環境問題での先進国とその他の国の責任と負担の違いについては、「共通だが差異ある責任」（common but differentiated responsibilities）という原則が、92年のリオ宣言に明記され、気候変動に関するさまざまな合意文書にも盛り込まれてきた。

地球環境の悪化は、主として現在の先進国の歴史的な経済活動が原因になっている。途上国を含むすべての国が環境の保全と修復に努力しなければならないが、先進国はより重い責任を負っており、自らの持つ技術や資金を途上国に提供するよう求められる。こういう考え方が、地球温暖化への対応でも基本原則になっている。

パリ協定に参加した新興国・途上国は、自ら温室効果ガスの排出を削減する努力を強めなければならない。先進国の政府や環境NGOなどは、新興国・途上国に石炭などの利用を抑制するよう求める。一方、新興国・途上国は、SDGsに盛り込まれているグローバルパートナーシップ活性化（先進国の途上国向け支援の拡大）の目標や、「共通だが差異ある責任」の原則が、守られるべきだと考える。そういう展開で、排出削減要請の強まりは、多くの新興国・途上国がまとまって先進国に支援拡大を要求するきっかけにもなった。

排出削減の問題とは別に新興国・途上国の結束を促したのは、地球温暖化の影響と見られる自然災害の規模が大きくなり、個別の国だけでは対応が困難になってきたことだ。気候変動に伴う「損失と損害」（Loss and Damage）はCOPで焦点の一つになり、COPに関連した報道などで「グローバルサウス」という表現を目にする機会が増えた。温暖化の問題が深刻になった結果、グループとしてのグローバルサウスの存在感がよみがえったともいえる。

先進国側は09年のＣＯＰ15で、20年を目標年として官民合わせて年間１０００億ドルの気候変動対策資金を途上国に提供・動員する約束をしていた。先進国が出す資金の額はパリ協定以後、増えつつあったが、経済協力開発機構（ＯＥＣＤ）によると20年の額は８３３億ドルで、目標には届かなかった。これもグローバルサウスが先進国への要求を強めた一因だ。

災害とパンデミックで生じた先進国への反発

２０２２年11月にエジプトで開催されたＣＯＰ27では、Ｇ77と中国の提案を受けて、「損失と損害に対する補償」が初めて正式な議題になった。そして、洪水などによる直接的な損失と被害を受けた途上国を支援する基金の創設で合意した。その背景にあった重要な出来事は、22年夏に国土の３分の１が冠水したといわれるパキスタンの大洪水である。

パキスタンは人口２億数千万人の大きな国だが、累積の二酸化炭素（ＣＯ２）排出量は世界の０・３％にすぎないと推計されている（図表２－５）。累積の排出量が断トツで多いのは米国、次いで中国。ロシア、ドイツ、英国がこれに続いて、この５カ国が世界全体の約56％を占めている。一方で、気候変動の影響と見られる自然災害で大きな被害を受けている国は、

図表2-5　推計累積CO_2排出量の比率（1750~2021年）

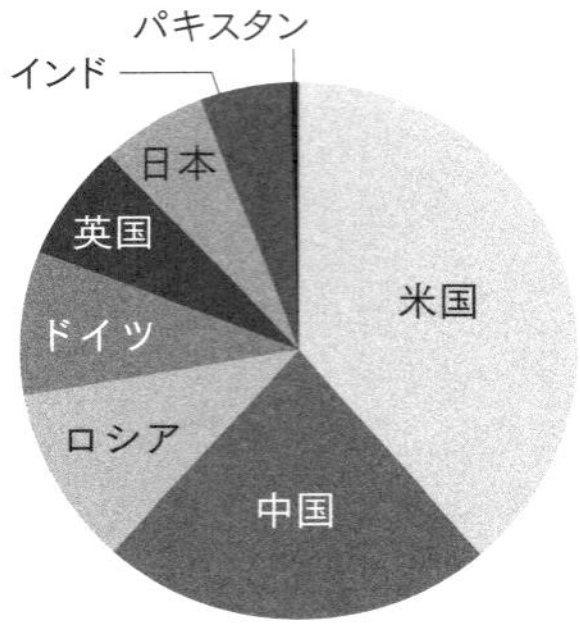

出典：Our World in Dataを基に筆者作成

アジア、アフリカ、中南米などの途上国が多い。

インドのモディ首相は23年1月の「グローバルサウスの声サミット」で、「世界の課題のほとんどはグローバルサウスによってつくり出されたものではないが、われわれはより大きな影響を受けている」と指摘した。その指摘が当てはまる課題の代表例が、気候変動と自然災害の問題だ。23年9月に北アフリカのリビアで記録的な大雨が降り、洪水によって1万人を超える死者・行方不明者が出たと報じられたのは記憶に新しい。

COP27は途上国を支援する基金の創設で合意したものの、基金の財源と分担など具体的な問題は、23年11月にアラブ首長国連邦（UAE）で開くCOP28に先送りした。

フランスのマクロン大統領はCOP27の後、気

23 年 6 月、「新グローバル金融協定のためのサミット」では、アフリカの首脳から先進国への不満が噴出（Abaca/ アフロ）

候変動にかかわる金融支援や、国際金融制度の見直しを話し合う必要性を指摘し、23年6月にパリで「新グローバル金融協定のためのサミット」を開催した。その会議で、グローバルサウスを代表する国が不満を訴えたのは、国際金融とは直接関係ないパンデミック（感染症の世界的な大流行）と先進国の対応の問題だった。

新型コロナウイルス感染症が世界に広がった時期、20年2月から1年間、アフリカ連合（ＡＵ）の議長を務めていた南アフリカのラマポーザ大統領は、次のように語った。「ワクチンへのアクセスが必要なときに、われわれは自分たちが乞食のようだと感じた」「北半球の国々が世界のすべてのワクチンを購入し、独占していた」「われわれがワクチンを最も必要としているときに、彼らはそれを放出しようとしなかった」「われわれは平等に扱われるよう望む」。

ラマポーザ大統領は、当時の先進国や一部の国際機関の対応について、北半球の命は南半球の命より大事といわれているような感じがして「われわれの側に失望と恨みが生まれ、深まっていった」とも語っている。「ワクチン囲い込み」の記憶は先進国ではもう薄れてきたかもしれないが、アフリカの首脳の脳裏にはしっかりと刻み付けられている。

マイクロソフトの創業者と元妻が設立した世界最大級の慈善団体、ビル&メリンダ・ゲイツ財団のマーク・スズマンCEOは、ラマポーザ大統領のパリでの発言を米国の外交専門誌フォーリン・アフェアーズで紹介し、先進国の利己的な対応がいかにグローバルサウスの反発を招いたかを説明している。そして、パンデミックの脅威のピークが過ぎても、多くの途上国は対外債務の返済という別の苦しみに直面すると指摘した。

食料・エネルギーの危機で募るロシアへの不満

アフリカ諸国をはじめ多くの途上国では、コロナ禍の間に財政状況が悪化し、外国からの借金が増えた。22年2月にロシアがウクライナ侵攻を始めると、食用油や穀物など食料の価格が大幅に上昇し、原油や天然ガスなどエネルギー資源の価格も急騰した。ロシアとウクラ

図表2-6　ウクライナ危機に伴う食料価格指数の変化

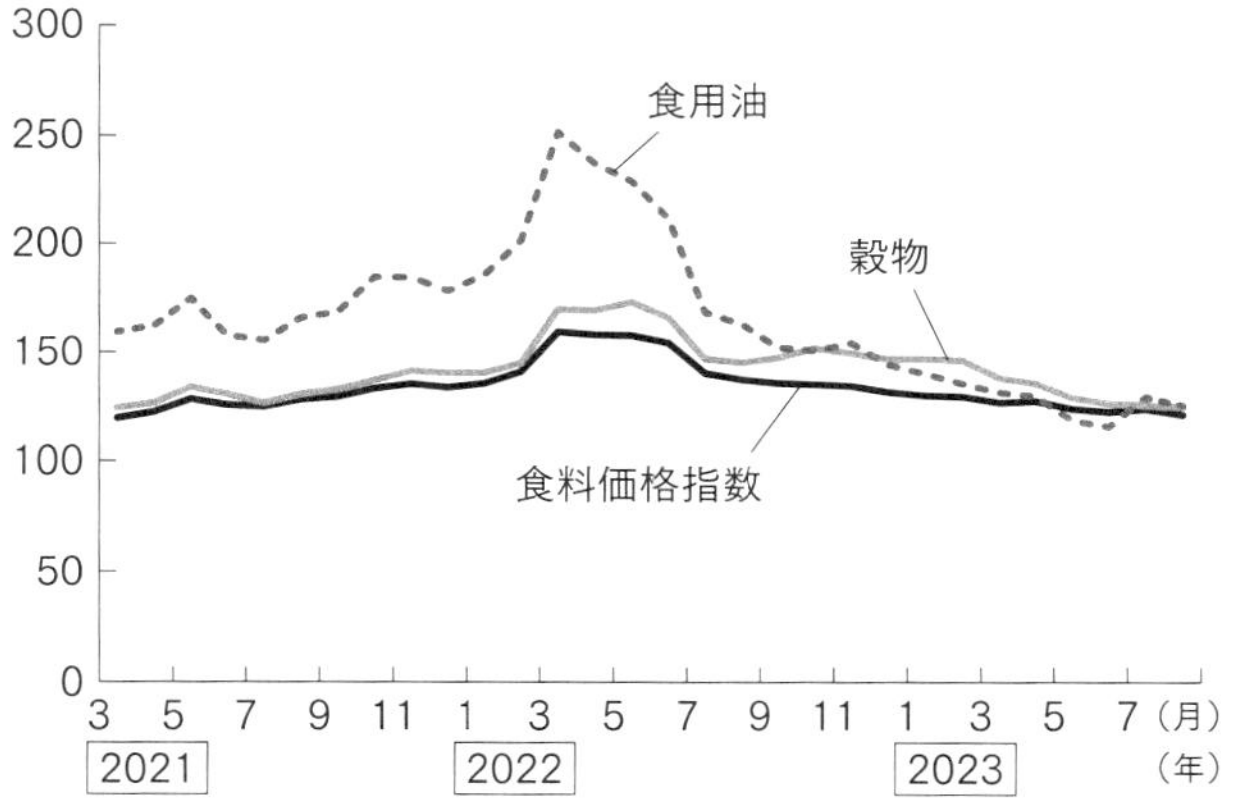

※2014~16年の平均を100とする
出典：国連食糧農業機関（FAO）による

イナは主要な食料輸出国であり、ロシアは石油、天然ガスの主要な輸出国である。食料やエネルギー資源の国際相場は戦争に過敏に反応した。多くを輸入に頼る途上国では、外貨準備が急激に減り、自国通貨の価値が大幅に下落して、対外債務の返済が難しくなった。

アフリカでは小麦がなくなったわけではないが、小麦の価格が上昇したのに伴ってパンの値段が2~3倍に上がり、貧しい人がパンを買えなくなるような問題が起きた（**図表2-6**）。コロナ対応をめぐる米国や欧州諸国への不満と同様に、戦争を始めて食料やエネルギーの価格高騰の引き金を引いたロシアへの不満もきわめて強い。

プーチン・ロシア大統領は「価格高騰はG7やEUがロシアへの経済制裁を始めたせいだ」と責任を転嫁しようとした。しかし、インフレと債務問題に苦しむアフリカ諸国などは、大きな責任は戦争を始めたロシアにあると考えている。食料価格急騰に伴う途上国の混乱は、22年7月にトルコの仲介でウクライナ産の穀物を黒海経由で輸出できるようにする黒海穀物合意（ウクライナ、ロシア、トルコ、国連が署名）が成立して、やや落ち着いた。ところが、ロシアはおよそ1年後の23年7月中旬に合意からの離脱を表明し、アフリカなどでは不安と反発が広がった。

同月下旬、サンクトペテルブルクで4年ぶりに開かれたロシア・アフリカ首脳会議に、アフリカ側から出席した首脳の数は17人にとどまり、19年の首脳会議の際の43人から激減した。この会議でロシア側は、マリなどアフリカ6カ国に最大5万トンの穀物を無償で提供する計画を示したが、アフリカ側の多くの国は黒海穀物合意にロシアが復帰するよう要求した。そして会議の閉幕声明でアフリカ連合（AU）の議長国コモロのアザリ・アスマニ大統領は、ロシアが示した穀物供給の用意は不十分であり、「戦争が長引くほど予測不可能な状況になるので、停戦する必要がある」というアフリカの意見をプーチン大統領にぶつけた。

23年7月、アフリカの代表はロシアに停戦を要求
（ロイター / アフロ）

米国や欧州、日本などでは、ウクライナの危機は西側諸国の安全保障にかかわる脅威と認識され、侵略者であるロシアを勝たせてはならない、ウクライナを守らなければならない、と多くの人は考える。グローバルサウスの多くの国にとってウクライナの危機は、侵略に伴って起きた食料やエネルギーの供給不安と価格高騰、それに関連した債務の問題などを通じて、自国の経済や社会の安定を揺さぶる危機と認識されているだろう。

ウクライナ危機とエネルギーの問題では、G７がロシアに対して発動した制裁の目的を、ちゃんと認識する必要がある。制裁の論議で当事国のウクライナやEUの中でロシアに対し最も強硬なポーランドなどは、ロシアが戦争の財源を得られないようにするため、ロシアの原油、石油製品、天然ガスの輸出

23年2月、インド・ベンガルールでのG7財務相会合に出席し、対ロシア制裁についても話し合ったイエレン米財務長官（AP/アフロ）

を徹底的に制限するよう求めてきた。しかし、実際のG7の制裁は、「ロシアの資源輸出収入を可能な限り減らす一方で、ロシアから世界市場への資源の供給量はできるだけ維持したい」という一見矛盾した2つの目標を追求している。

そういう考え方は22年以来、G7の財務相会合など一連の会合の声明や、「ロシアの主要な収入源を制限すると同時に、世界のエネルギー供給の安定性を保つ」というイエレン米財務長官の発言などに示されている。ロシアから世界への石油や天然ガスの輸出量が激減して、エネルギー価格が暴騰し、世界的にインフレが加速するような事態は、G7諸国も避けたい。政権への支持率が低いG7諸国は「ロシアの収入を制限したいと同時に、自国の経済への打撃も軽くしたい」（リントナー前ドイツ財務相）し、グローバルサウスの反発を抑えるため「途上国経済への打撃も避けたい」（米財務省）のである。

強まるグローバルサウスの存在感

ウクライナ危機は、世界各国がエネルギー安全保障について再考するきっかけにもなった。ロシアの原油や天然ガスに大きく依存してきたＥＵ諸国では、エネルギー自給率の向上につながる再生可能エネルギーの導入を、さらに加速する。その一方で、欧州市場で22年に天然ガス価格が一時暴騰し、各国の家計の光熱費の負担が急増したことなどから、エネルギーを手ごろな価格で制約なくつかえるアフォーダビリティー（affordability）の重要性も再認識されるようになった。

ＥＵ諸国がロシア以外から天然ガス調達を増やそうとしたため、22年から液化天然ガス（ＬＮＧ）の争奪戦が世界的に激しくなり、これまでＬＮＧを輸入していたパキスタンやバングラデシュが買い負けて輸入できなくなり、燃料が足りなくなって電力供給が不足する事態も起きた。このためパキスタンはロシアからＬＮＧを調達しようと動き始めた。

途上国にとっては、ロシア産を購入する是非よりも、あすのガスを確保することが、まず

23年9月9日、G20の首脳宣言を発表するモディ首相
（REX/アフロ）

重要である。先進国は脱炭素化に向け石炭、石油、天然ガスなど化石燃料の利用を抑制するよう「上から目線」で途上国に求めるが、途上国では貧困層も含めてすべての国民がエネルギーを十分につかえる状態にすることのほうが、優先順位は高い。

インドのモディ首相は23年7月のG20エネルギー相会合にビデオメッセージを寄せ、成長と発展はエネルギーなしでは達成できないと強調した。そして、インドのすべての村に電気がつながる歴史的な節目をモディ政権の下で迎えたことを紹介し、脱炭素化に向けたエネルギー転換は手ごろな価格で包摂的に推進される必要があり、グローバルサウスの人々が取り残されないことが重要だと訴えた。G20では「国ごとの事情の違いを考慮する必要がある。脱炭素化への道筋は一つではなく複数ある」という方向に議論が収斂していく。エネルギーをめぐる議論は、インドの影響力拡大を示す一例といえるだろう。

23年9月9〜10日にニューデリーで開かれたG20首脳会議では、ウクライナ危機をめぐる政治対立のため、まとまらないとの見方もあった「首脳宣言」が初日に採択された。日本のメディアのほとんどは、前年のG20の宣言にあったロシアに対する名指しの非難がなかったと報じたが、前年の宣言も「ほとんどのメンバーは非難したが、異なる見解があった」という両論併記だった。23年の宣言も前年と大差はなく、「いまの時代は戦争の時代であってはならない」というモディ首相の得意のセリフも盛り込んでいる。

そして戦争自体ではなく、その経済的影響にどう対応すべきかに力点を置き、グローバルヘルス（パンデミックなどへの対応）、SDGs、気候変動や債務の問題と途上国を支援する新たな国際金融の枠組みなど、途上国の視点も加えて世界が直面する経済的な課題の論点整理をしている。宣言の最後のほうに「グローバルな経済協力に関するプレミアなフォーラムとしてのG20」という記述があり、経済中心というG20の役割を再確認しているようだ。

中国とロシアの首脳が欠席したサミットで、議長国インドと、中ロ以外の新興国が取りまとめたように見えるG20の宣言を、G7諸国が受け入れている。それが、グローバルサウス

23年9月、国連で新興国の協力を求めたゼレンスキー大統領
（ロイター／アフロ）

の発言力が強まったいまの国際関係を象徴しているといえるだろう。

G20の宣言から10日後、23年9月19日の国連総会演説で、ウクライナのゼレンスキー大統領は、「ロシアは食料不足を武器化している。その影響はアフリカから東南アジアまで広がっている」と非難した後、リビアの洪水など気候変動に伴う自然災害の危機に言及し、世界が直面する危機への対応に集中するためにも「侵略者を打ち負かすための団結した行動」が必要だと訴えた。

国連総会のような多国間の外交の場で、西側諸国がロシア非難を並べ立て、ウクライナへの全面的な支持と支援を呼びかけても、新興国、途上国の多くは、食料やエネルギーの問題、気候変動と自然災害などに、より大きな懸念を示す。だから、ゼレンスキー大統領は、グローバルサウスが求める世界的課題への対応の前提として、まず団結してロシアを押し戻さなければならないというロジックを加えるようになった。ゼレンスキー大統領が国連総会出席の際に個別に会談した外国の首脳の顔ぶれを見ても、南アフリカのラマポーザ大統領、ケニアのルト大統領、ブラジルのルラ大統領と、グローバルサウスの首脳が目立つ。

22年から24年までの西側諸国の外交では、ウクライナ支援とグローバルサウスへの配慮という２つのベクトルが交錯していた。Ｇ20サミットで米国は、ロシア非難よりもグローバルサウスとの良好な関係のほうが重要と判断した。ウクライナも、グローバルサウスと良好な関係になっておくことが、今後の国際的な支援の確保に欠かせないと考えるようになった。

ＣＯＰ28の予想外の成果

エネルギーと気候変動の問題については、中東で危機が起きているさなかの23年11月末から12月中旬にかけて、アラブ首長国連邦（ＵＡＥ）のドバイで国連の気候変動枠組み条約締約国会議（ＣＯＰ28）が開かれた。産油国ＵＡＥが議長国で、会議の議長を務めるスルタン・ジャーベル産業先端技術相はアブダビ国営石油会社（ＡＤＮＯＣ）の最高経営責任者（Ｃ

EO）でもあった。だから、会議に期待は抱けないという声もあったが、実際の会議は予想以上の成果をあげた。

まず、先に言及した気候変動による「損失と損害」への対応だ。損失と損害を受けている途上国を支援する基金の運用については、会議の初日に合意した。前年のCOP27で創設を決めたものの、各論の決定を持ち越していた「損失と損害」基金について、とりあえず世界銀行の下に置いて運用すること、気候変動の影響に特に脆弱《ぜいじゃく》な途上国を支援対象とすること、義務化はされないが先進国が基金立ち上げのための資金拠出の中心になることなどで話がまとまった。

UAEが自らこの基金に1億ドル拠出すると表明したことや、会議の初期の段階で、「2030年までに世界の再生可能エネルギーによる発電設備の容量を3倍にする」という誓約に6割以上の国が賛同したことも、その後の協議にポジティブな影響を及ぼした。

COPは多数決ではなく、200近い国のコンセンサスによって結論が決まる。合意の形成は国際政治の状況を反映する。焦点になった石炭、石油、天然ガスといった化石燃料の位置づけについて23年12月13日に採択された成果文書は化石燃料の「段階的廃止」（phase out）という表現を見送り、化石燃料からの「脱却」（transition away）という表現に落ち着いた。

ＣＯＰとして初めて「脱却」を明記して、脱炭素化に向けた前向きの機運を保ちつつ、化石燃料への需要が大きい現実も踏まえた妥協的な結論だ。

段階的廃止という表現に強く抵抗したのはサウジアラビアなどの産油国だが、産油国ではない多くの途上国も現段階では、石炭などを用いた手ごろな価格でのエネルギー供給拡大のほうが、脱炭素化のための化石燃料廃止よりも優先順位が高い。インドが議論に加わった23年５月のＧ７広島サミット、インドが議長国だった同年９月のＧ20サミットと同様に、ＣＯＰ28の結論もグローバルサウスの声の強まりを反映しているという印象が強い。

グローバルサウスと対になる「グローバルウエスト」

ウクライナ危機後の国際関係について、グローバルサウスのほかに、「広い意味での西側諸国」という意味合いでグローバルウエスト（Global West）ということばもよくつかわれている。ヨーロッパなどでつから地中海を真ん中に置いた世界地図で、左側（西側）に位置する西欧諸国と米国、カナダという狭い意味の西側諸国だけではなく、右の端（東の端）にある日本や韓国、そこからうんと下（南）にあるオーストラリア、ニュージーランドなども含めた広義の西側諸国を、グローバルウエストと呼ぶようだ。

中国、ロシアとその取り巻きの少数の国を除いて世界を考えると、グローバルウエストとグローバルサウスが対語のようになっている。23年の年初の時点では、「グローバルウエストが結束を強めても、グローバルサウスとはすれ違い」という図式だった。それが、9月のG20サミットや国連総会の時点になると、グローバルウエストがかなりグローバルサウスに歩み寄ってきたという印象に変わってきた。グローバルサウスの国々は、グローバルウエストの動きの変化を見ながら、それを自国の利益にどう結び付けるかを考えて動く。

第3章

「理」ではなく「利」で動く国々

機会主義を象徴するUAE

米国と中国の対立と競争が続き、ウクライナをめぐって米国・欧州諸国とロシアの対立も深刻になった。新興国・発展途上国の多くは、大国が対立する状況の中でうまく立ち回り、自国の安全保障と経済的な利益を確保しようとする。グローバルサウスの機会主義的な外交を象徴する国の一つが、有力産油国で中東ビジネスの中心都市ドバイが所在するアラブ首長国連邦（UAE）だ。

UAEは安全保障で米国と同盟関係にある。米中央情報局（CIA）のワールド・ファクトブックによると、3000人超の米軍兵士が駐留し、米軍の艦艇の寄港も頻繁だ。2020年には当時の米国のトランプ政権が仲介した「アブラハム合意」で、イスラエルとの関係も正常化した。その一方でUAEは、米国に全面的に依存するリスクを考えて、最大の潜在的脅威であるイランとの関係修復も進め、22年8月には6年ぶりに駐イラン大使がテヘランに復帰した。

軍事協力としては、首都アブダビの近くにフランス軍の基地もある。韓国との間では、有事に韓国軍の支援を得る軍事協力協定の存在が取り沙汰されてきた。中国とも、中国製の練習機を導入し、23年、24年に空軍の合同訓練を中国国内で実施するなど、協力を広げてきた。

ビジネスでは中国との結びつきが強い。中国は最大の貿易相手国で、23年の往復貿易額は約950億ドル。石油やプラスチックなどを輸出する一方、家電製品、機械、自動車、鋼材など中国からの輸入も多い。中国からの直接投資の残高は12年から22年の間に5倍以上に増えた。一方、23年からUAEの対中投資が急増し、ハイテク分野への投資には米国が神経質になっている。

石油政策について、UAEは石油輸出国機構（OPEC）にロシアなどが加わった「OPECプラス」の有力メンバーであり、ロシアと連携している。主要7カ国（G7）や欧州連合（EU）がロシアへの制裁でロシア産の原油や石油製品の輸入を禁止する中、UAEはロシア産の石油製品の輸入を増やした。22年から多くのロシア人がUAEに移住した。ドバイに進出するロシア系企業も相次ぎ、ドバイはロシアとのビジネスの有力拠点になった。

UAEの約1000万人の人口のうち、自国民は1割強にすぎない。人口の9割近くは外国からの出稼ぎや移民で、男女とも20代から40代の人口が突出して多い特異な人口構成である（**図表3-1**）。外国人の中でも特に多いのはインド人で、全人口の3分の1以上を占め、自国民の数をはるかに上回る。

ドバイはもともとイランとの貿易の拠点として知られた港町だが、1980年代半ばにジ

図表3-1　UAEの人口ピラミッド（2023年推計）

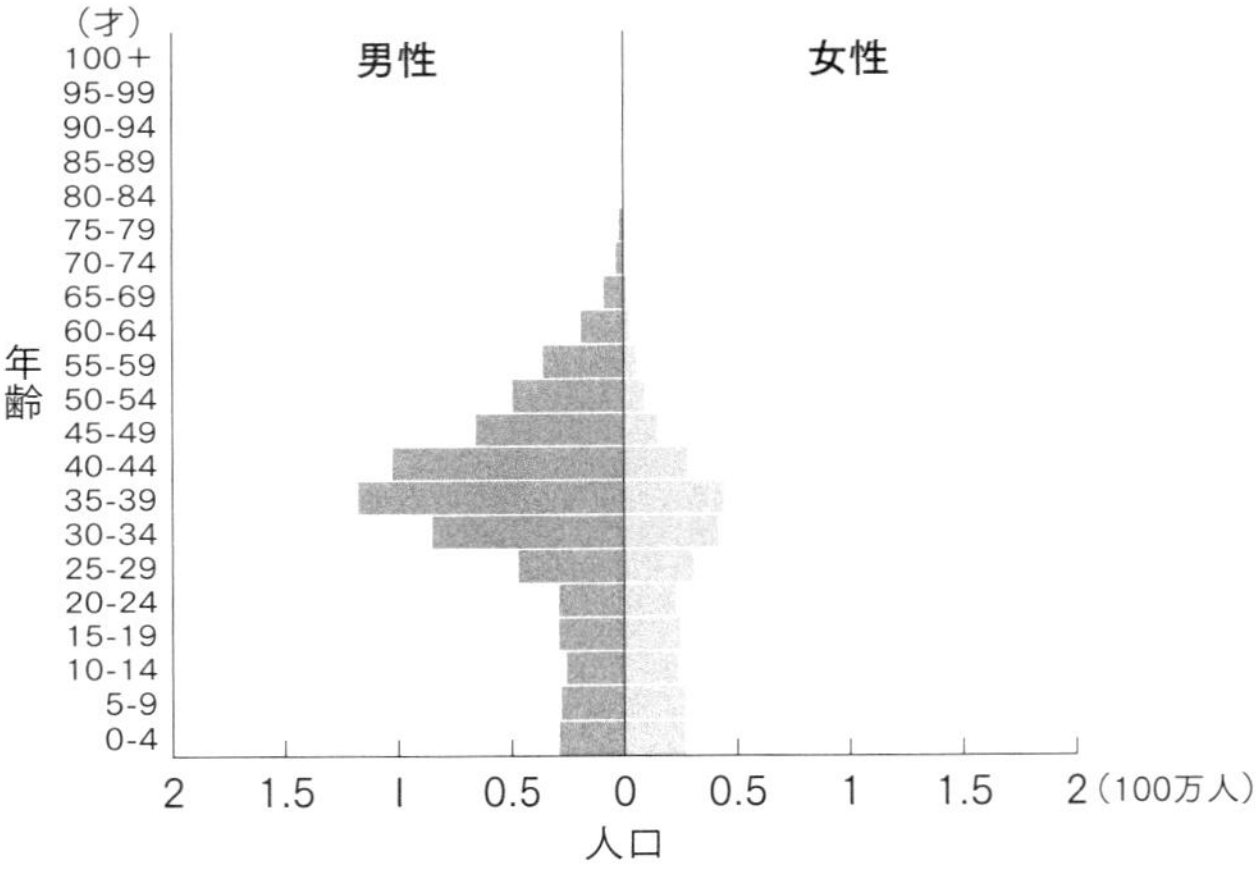

出典：米中央情報局（CIA）World Factbook による

エベル・アリ自由貿易区を開設したのを皮切りに、多くの経済特区を設け、中東から南アジア、中央アジア、アフリカにまたがる広い地域の物流・交通・ビジネスのハブとして成長した。多数のインド系住民が暮らすＵＡＥは、インドとの歴史的な結び付きも強い。22年２月にＵＡＥはインドと２国間の貿易の80％近い品目の関税を撤廃する包括的経済連携協定（ＣＥＰＡ）を締結し、インドとのビジネスの拡大に弾みをつけようとしている。

　国連貿易開発会議（ＵＮＣＴＡＤ）によると、23年のＵＡＥに対する外国からの直接投資は３０６億ドルに達し、過去最高を更新した。一方で、ＵＡＥは外国への証券投資、直接投資の額が多い国であり、近年はアフリカへの投資も増やしている。

米国とパートナー関係にあり、中国、ロシア、インド、アフリカ諸国との結び付きも強いＵＡＥは、エジプト、イランなどとともに、２０２４年から拡大したＢＲＩＣＳのメンバーになった。

外交の最重要目的は経済的利益

全方位での連携を追求するＵＡＥが重視しているのは、外交の経済的な帰結だ。独立から50年の節目だった21年に、ＵＡＥは「次の50年への10の原則」を定め、その中で「外交は国家目標に貢献する手段であり、目標のうち最も重要なのは経済的利益である」と明記した。きわめて実利的な外交目標の設定である。

アラブ諸国では１９９０年代以降、アラブ民族主義の風化が一段と進んだ一方、国単位のナショナリズムと自国の経済的利益が最も重要という考え方が強まっていた。英国のエコノミスト誌は２０２１年に「パレスチナの大義はもはやアラブ世界を束縛しない」（The Palestinian cause no longer binds the Arab world）という見出しの特集記事を掲載したことが

である。ＵＡＥの外交政策はこうした変化を象徴するものだ。

20年のアブラハム合意は、米国やイスラエルから見れば「イラン包囲網」の拡充、強化であった。ただし、当時のＵＡＥはイランとの関係修復をめざしていたところだ。関係修復を探るきっかけになったのは、前年19年の6月に米軍がアブダビから飛ばした無人偵察機がイランに撃墜され、米国はイランへの報復攻撃の準備を進めながら、直前になってトランプ大統領が攻撃を中止したことだった。

米国がイランに強硬な手段を取るという前提で自国の安全保障を考えていても、米国の政権は米国内の反応を第一に考えて強硬策を避ける可能性があり、結果的にＵＡＥが「はしごを外された」格好になることがあり得る。その経験を経てＵＡＥのイランに対する姿勢が変わり、当時のガルガーシュ外務担当国務相は「親しい友人にはなれなくても、普通の隣人にはなれる」とイランに呼びかけていた。

似たような変化は、サウジアラビアにもあった。19年9月にサウジ東部の重要な石油施設がドローンやミサイルで攻撃されたが、同盟関係にある米国はイランが攻撃に関与したと断定したのに、イランへの反撃はしなかった。それを契機にサウジのムハンマド皇太子のイランに対する物言いが慎重になった。そして21年にサウジはイランと関係修復に関する協議を

図表3-2 イスラエルと中東諸国の1人当たりGDPの推移

（名目、ドル）

	2000年	2005年	2010年	2015年	2020年	2022年
イスラエル	21,640	21,230	31,280	35,770	44,320	54,340
サウジアラビア	10,450	15,940	22,030	22,450	23,270	34,440
UAE	34,390	43,980	36,320	41,420	37,650	51,400
カタール	30,460	54,360	69,800	66,350	50,960	83,520

出典：IMFのDatamapperを基に筆者作成

始め、中国の仲介による23年3月のイランとの外交関係正常化の合意につながっていく。

UAEに話を戻すと、20年の時点でイランとの関係修復を探っていた国がイランと敵対するイスラエルと外交関係を結んだ背景には、UAEが豊かな国であり続けようとする経済サバイバル戦略もある。

イスラエルは中東の中で突出した技術力を持ち、スタートアップ企業が集積し、1人当たり国内総生産（GDP）はUAEやサウジを上回るほどだが（図表3-2）、周辺諸国とのビジネスのつながりはほとんどなかった。UAEはアラブの中でいち早くイスラエルと経済面で連携し、自国の経済発展に結び付けようと考えた。経済面の連携に加えて、米国の中東への関与が次第に弱まる見通しの中で、地域の軍事強国であるイスラエルと友好関係を結ぶことは、安全保障の面でのメリットも大きい。イスラエルにとっても、資金力があるＵＡＥと組み、アジアなどでビジネスを展開するチャンスが広がるのは有益だ。

関係正常化の立役者だったＵＡＥのユーセフ・オタイバ駐米大使は、20年12月、米国のニュースチャンネルＭＳＮＢＣの番組で、「中東地域は変わりつつある。紛争とイデオロギーはもうたくさんだ」「われわれは経済的なアドバンテージ（優位性）とオポチュニティー（機会）を求めている」「ＵＡＥの若い世代は正常化を支持している」と強調した。また21年1月、米国のエネルギー情報誌との会見では、「正常化合意はイランの問題とは別のものだ」「イスラエルの経済力や技術力などを考えれば、正常化の決断は合理的だ」と語っていた。

ＵＡＥの経済人も経済戦略の観点からイスラエルとの正常化を支持した。ドバイの有力企業グループのオーナーであるハラフ・ハブトゥール氏は、「好きか嫌いかは別として、イスラエルとの連携の利益は大きい。経済的利益が外交を規定する」と断言していた。

正常化に伴って、両国間の貿易額は急増した。イスラエルの政府統計によると、20年に1億1580万ドルだったＵＡＥからの輸入は、22年には約16倍の18億9090億ドルに増え、23年は20億ドルを超えた。ＵＡＥ向けの輸出も、22年には20年の8・6倍に達した（**図表3-3**）。ただし、23年は中東危機の影響で増加が鈍った。

図表3-3　イスラエルのUAEとの貿易額

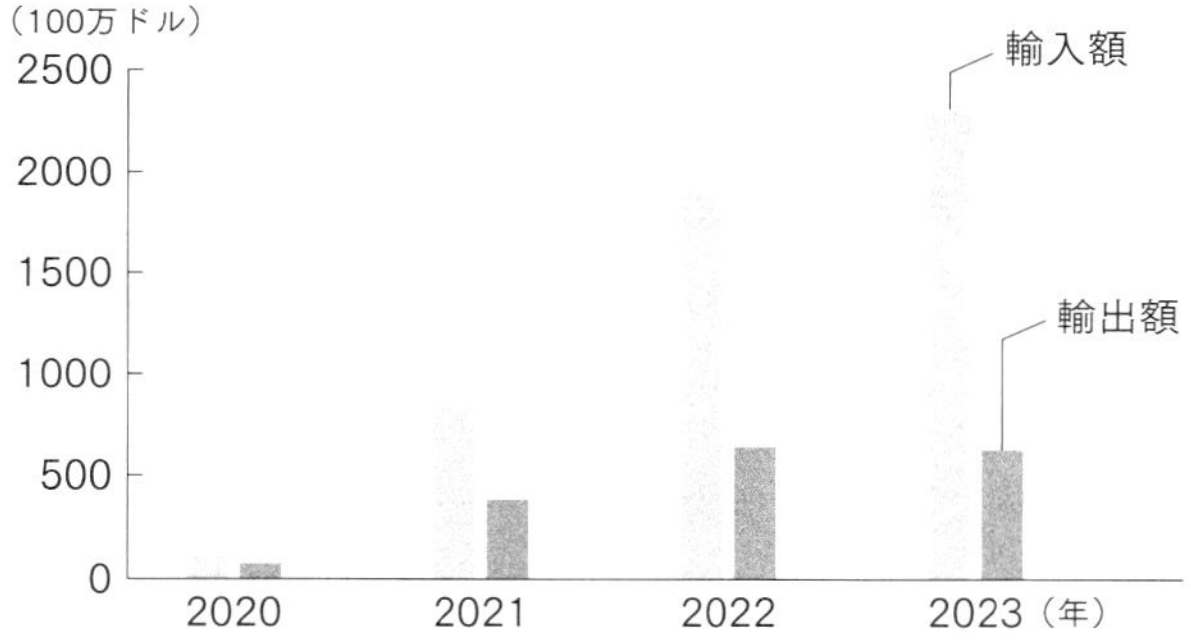

出典：イスラエル中央統計局資料を基に筆者作成

その一方でUAEは、イランが支援しイスラエルと対立関係にあるシリアがアラブ連盟に復帰できるよう、積極的に後押しした。23年5月、サウジのジェッダで開いたアラブ首脳会議にはシリアのバッシャール・アサド大統領が出席し、内戦が始まって資格を停止されてからほぼ12年ぶりにアラブ連盟への復帰を果たした。15年にロシアが軍事介入した後、シリア内戦でアサド政権が倒れる可能性はなくなっていたから、UAEは内戦後のシリアの復興も視野に入れてアサド政権との関係修復を先導したわけだ。

アサド大統領を「民主化運動を弾圧してきた独裁者」と位置付ける米国のバイデン政権は、シリアのアラブ連盟復帰には不満だったが、復帰を後押しするUAEやサウジの動きを止めるほどの影響力はなかった。

コロナ禍の影響でＵＡＥは、20年10月に開幕する予定だったドバイでの国際博覧会（ドバイ万博）の延期を余儀なくされ、１年遅れて21年10月に万博開幕にこぎ着けた。万博実現の助けになったのは、中国の協力だ。中国はＵＡＥにシノファーム（中国医薬集団）製のコロナワクチンを大量に供給し、ワクチンの現地生産も始めてＵＡＥを支援した。

21年11月には、米国のウォール・ストリート・ジャーナル紙が、アブダビから80キロの場所に位置し中国企業が運営するコンテナターミナルのあるハリーファ港で、中国が秘密裏に軍事用施設を建設しようとしていたと報じた。この件についてはバイデン米大統領が自らＵＡＥの首脳に懸念を伝えた結果、その施設の建設は停止されたという。

「ミニラテラル」な協力体制

米国は、ＵＡＥとイスラエルの正常化を踏まえ、この両国にインドも加えた新たな協力の枠組みを21年秋に立ち上げた。この枠組みは、インド、イスラエルの国名の頭文字のＩと、ＵＡＥ、ＵＳＡの頭文字のＵを組み合わせて「Ｉ２Ｕ２」という略称で呼ばれる。インド太平洋地域で、米国、オーストラリア、日本、インドが参加している協力連携の枠組みＱＵＡ

D（クアッド）の中東版といわれることもある。

米中のような世界の極になり得る大国の対立が激しくなると、国連などで多数の国のコンセンサスを成立させるのが難しくなる。そこで重視されるようになったのが、目標を共有しやすい限られた数の国による協力の枠組みづくりだ。

２国間（バイラテラル　bilateral）と多国間（マルチラテラル　multilateral）の間にあるという意味で「ミニラテラル　minilateral」と称される協力の形である。これと大きな違いはないが、複数の国がかかわる意味合いの「プルーリラテラル　plurilateral」という表現も、インドのジャイシャンカル外相らが用いている。

ＢＲＩＣＳ、上海協力機構、ＱＵＡＤなど、さまざまなグループに加わり、メンバーの異なるミニラテラル、プルーリラテラルな協力関係を重ね合わせているのがインド外交の特徴の一つだ。モディ政権は、中国が中心メンバーである協力の枠組みにとどまりつつ、米国と連携する枠組みに新たに加わるようになった。Ｉ２Ｕ２は、その一例である。

米国にとってＩ２Ｕ２の意味は何か。中東に単独で関与し続けるのではなく、地域と周辺の有力国と組むことで関与のコストを抑えつつ、影響力を維持する狙いがある。米国、イスラエルがＵＡＥと連携する枠組みなので、イラン封じ込めの地政学的な側面に目が向きやすいが、インドもメンバーに加わっていることで、経済分野で中国の影響力拡大に対抗するという別の狙いが浮かび上がってくる。

インド政府の説明によると、I2U2の重点分野は、エネルギー、食料安全保障、水、保健衛生、交通運輸、宇宙の6つの分野だ。22年7月、バイデン大統領の中東訪問に合わせてリモート方式で開いたI2U2の初の首脳会議では、メンバー国が民間の資金や技術も活用して世界が直面する課題に取り組むことをめざすという目的を掲げた。

会議の共同声明には、UAEが資金、インドが土地を提供し、米国とイスラエルの民間企業が技術的な解決策を提供する形で、水やエネルギーを節約しフードロスも抑えるスマート農業をインドで大規模に展開し、南アジアや中東諸国への食料供給に役立てるという構想が盛り込まれている。エネルギー分野では、米国が事業化調査の資金、UAEが自国の知見をインドに提供しながら投資の機会を探り、イスラエルや米国の民間企業の参画も促すというコンセプトで、大規模な風力・太陽光発電と蓄電の事業を目玉プロジェクトに据えた。

第2章で述べたように、食料とエネルギーの確保はインドが直面している問題であり、グローバルサウスに共通する重要課題だ。デジタル技術の先進国であるイスラエルは、農業分野での情報通信技術（ICT）利用や乾燥地農業技術の先進国でもある。UAEはオイルマ

23年にUAEで稼働した巨大な太陽光発電プラント
（再生可能エネルギー会社マスダルのHPより）

ネーを運用するさまざまな投資ファンドが有望な投資先を探している国で、国際再生可能エネルギー機関（IRENA）の本部がアブダビにあり、二酸化炭素の排出ゼロをめざす実験都市の建設を進め、低コストの巨大な太陽光発電所を次々に稼働させている国でもある。I2U2の共同事業は、米国が関与して各国の得意分野と地域のニーズを組み合わせる動きといえる。

バイデン政権で安全保障政策を担当してきたジェイク・サリバン大統領補佐官によると、UAEとインドが包括的経済連携協定を結んだことが、I2U2の構想具体化につながったという。UAEにとってI2U2は、インドとのビジネス拡大につながると同時にイスラエルとの連携を広げる機会もつくる。そういう構想を米国が推進してくれるのは大歓迎だ。

22年7月16日の米・UAE首脳会談で、バイデン大統領は「両国の関係は安全保障から経済開発、科学、技術、宇宙での協力まで、あらゆることをカバーしている」と強調。アブダビ首長国の首長とUAE大統領の地位を正式に継承してから間もない時期だったムハンマド・ビン・ザーイド大統領は「われわれは米国との協力関係を誇りに思う」と応じた。

ドバイやアブダビへ移住するロシア人

その一方でUAEはロシアとの関係も大切にしている。特に、ロシアがウクライナへの侵攻を始めた後、UAEのロシアとの貿易が急速に拡大したのが目立つ。ムハンマド大統領は、22年10月にモスクワでプーチン大統領と会談、23年6月にもサンクトペテルブルクで再び会談し、両国の協力関係を強化したいという考えを伝えた。会談では、OPECプラスの枠組みでの石油政策の連携にとどまらず、G7やEUの対ロシア制裁が続く中での両国の貿易拡大などについても話し合った。

英国の国際移住コンサルティング会社、ヘンリー・アンド・パートナーズのまとめによると、22年にロシアから国外に流出した富裕層（投資資産100万ドル超）の数は8500人に達し、国・地域別では中国に次いで2位だった。一方、22年の富裕層の流入ではUAEが5

図表3-4　富裕層の国・地域別の流出・流入人数

（純流出）

		2022年	2023年
1	中国	10,800	13,800
2	ロシア	8,500	2,800
3	インド	7,500	5,100
4	香港	2,400	500
5	ブラジル	1,800	1,100
6	英国	1,600	4,200
7	メキシコ	800	—
8	サウジアラビア	600	—
9	韓国	400	800
10	南アフリカ	400	400
10	インドネシア	400	—

（純流入）

		2022年	2023年
1	UAE	5,200	4,700
2	オーストラリア	3,800	4,000
3	シンガポール	2,900	3,400
4	スイス	2,200	1,800
5	米国	1,500	2,200
6	ポルトガル	1,400	900
7	カナダ	1,200	2,100
8	イスラエル	1,100	—
9	ギリシャ	1,000	1,100
10	ニュージーランド	800	—

※2023年の実績値が資料に載っていないところは—にした
※投資資産100万ドル超を富裕層とする
出典：英国のコンサルティング会社 Henry & Partners の調査を基に筆者作成

２００人で１位になった（図表３-４）。多くの富裕なロシア人がウクライナ侵攻開始後に母国を出て、ＵＡＥのドバイやアブダビに居を移した。

米国や欧州などの長期金利上昇の影響で世界的に不動産の購入が鈍った22年に、ドバイでは不動産取引件数が過去最高の８万６０００件、販売額は前年比80％増の２０３０億ディルハム（当時の交換レートで約７兆９０００億円）に達したと、地元メディアは報じた。ドバイの不動産を購入した外国人の国別ではロシアがトップ。ウクライナ危機に伴う資源価格の大幅上昇で、周辺の産油国の景気がよかったのに加え、ロシアからの逃避マネーが流れ込んだことが、ドバイの不動産市場の活況につながった。

ＵＡＥに会社を設立したり、一定額以上の不動産投資をしたりすれば、見返りとして居住ビザが取得できることも、ロシア人の移住が増えた理由の一つだ。ドバイはまた、ロシアの富裕層だけでなく、徴兵を逃れるために出国した人たちの長期滞在先にもなっている。

23年2月、アブダビで開いた国際兵器見本市には、ロシアの軍需企業が多数出展し、ライフル銃から戦車、防空システムまでさまざまな兵器や装備品を展示して、アラブ諸国の政府・軍関係者などに売り込んだ。米国、英国、ＥＵは、ロシアがウクライナ侵攻を始めた後、ロシアの兵器メーカーに制裁を科していた。だが、ＵＡＥ政府と見本市の主催者であるアブダビのエキシビションセンターは「アブダビで開く見本市にロシア企業が出展するのは国際法に抵触しない」「米国、英国などの決定に追随する必要はない」との立場を取った。

展示会場には、欧米が制裁を科したマントゥロフ・ロシア産業貿易相（現第一副首相）も訪れ、「２０２２年にロシアとＵＡＥの貿易が大幅に増え、往復で90億ドルの水準に達した」と語った。ロシア国営タス通信によると、22年のロシアのＵＡＥ向け輸出は85億ドル、ＵＡＥからの輸入は5億ドルだったという。ＵＡＥ側の統計を見ると、ロシアからの輸入が22年

図表3-5　UAEのロシアからの輸入額

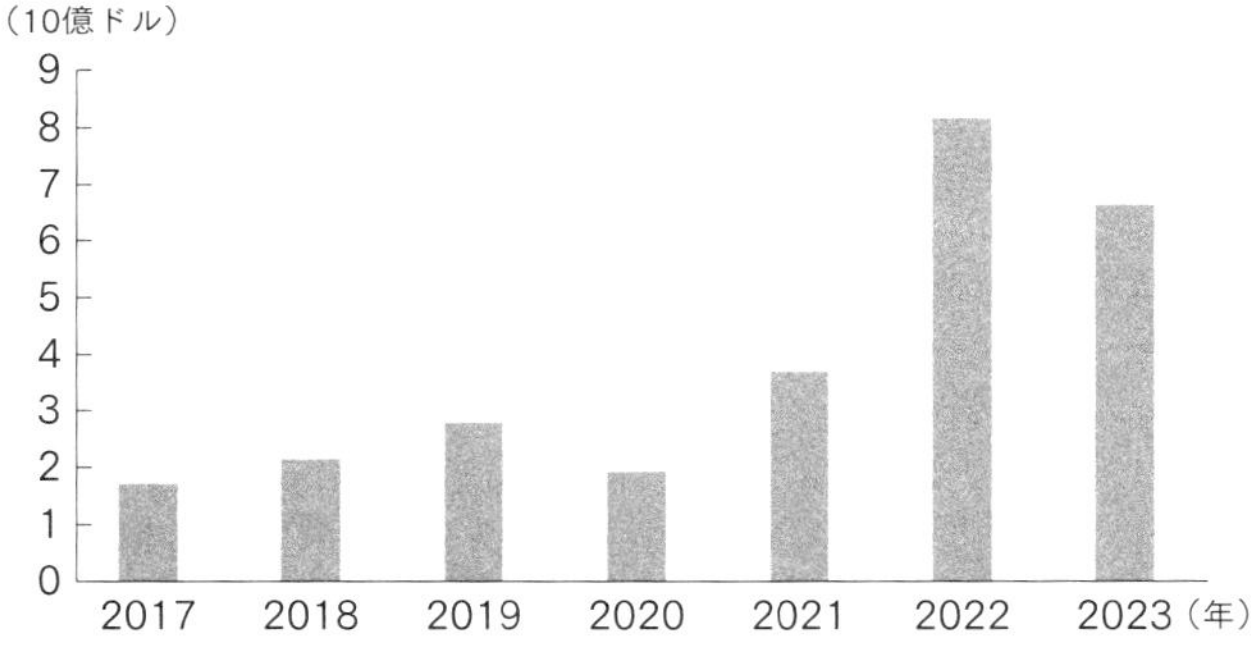

出典：UAE経済省のデータを基に筆者作成

に前年の２・２倍にあたる81億９０００万ドルに急増した（図表３-５）。そして、急増したロシアからの輸入には、石油も含まれていた。

石油「玉突き」の価格差で稼ぐ

ロシアは自国の石油の最大の輸出先だったEU市場から締め出され、原油や石油製品のアジア、中東、アフリカ諸国向けのディスカウント販売に力を入れるようになった。これに応じてUAEはロシア産の重油の輸入を増やし、連邦を構成する首長国の一つでホルムズ海峡の外に位置するフジャイラに貯蔵して、船舶用の燃料として寄港する船に供給している。産油国であるUAEがロシアから石油製品を輸入するのは、割安なロシア産を国内での供給に充てる一方、自国産の燃料を欧州市場などに国際市場価格で供給し、その価格差を利用して稼ぐことができるからだ。

これとは別に中東経済専門誌MEESは23年8月、ドバイのジェベル・アリ自由貿易区の貯蔵施設に入ってくるロシアの石油製品の量が記録的な水準に達していると報じ、ロシア系企業が取引に関与しているとの見方を示した。ドバイの自由貿易区に貯蔵された石油製品は、ロシア産以外のものとブレンドされて第三国に再輸出されているとも考えられる。

サウジアラビアも、原油価格を下支えする狙いで自国の原油生産を抑制する一方、ロシアから石油製品のディスカウント輸入を増やした。NHKは船舶輸送調査会社ケプラー（KEPLER）のデータを引用して、23年1〜6月にサウジがロシアから輸入した石油製品の量は前年同期の9倍以上に増えたと報じている。

ロシア産を国内の燃料需要に充て、自国産の原油や石油製品の国際市場価格による輸出量をできるだけ保つ。こうしたUAEやサウジの動きを、「制裁破り」とか「錬金術」と呼ぶメディアもある。ただし、ロシアから世界市場への石油供給が激減して価格が高騰し、インフレが加速する事態は、G7もEUも避けたいのが本音。だから、ロシアから欧州に輸出されていた原油や石油製品の仕向け先がアジアや中東に変わり、玉突きの格好で中東から欧州市場向けの供給が増える形の石油の流れの変化は、G7もEUも容認してきた。

ロシア国旗に染まるブルジュ・ハリーファ

石油の流れが変わったのに伴って、これまでスイスに拠点を置いていたロシア関連の石油商社の多くがドバイに本拠を移した。ＥＵ諸国との取引がなくなり、インド、ＵＡＥ、サウジ、トルコ、北アフリカ諸国などとの取引が増えたのに対応した動きだ。

Ｇ７やＥＵは、ロシアの原油や石油製品に価格上限（原油の場合は1バレル＝60ドル）を設定し、それ以下の価格での取引でなければ、西側諸国の海運、保険、金融などのサービスを受けられないという制裁も発動した。これに対抗してロシアのダミー企業が世界から中古タンカーをかき集め、複数の「影の船団」を編成して、ロシア産の原油や石油製品の輸送にあたっている。こうした「影の船団」を動かしている企業も、ＵＡＥに本拠を置いていると見られている。

ロシア系企業やロシア人居住者の増加に対応して、ＵＡＥ中央銀行はロシアのＭＴＳバンクという銀行に銀行免許を与え、両国間の送金などの窓口にした。その事実が23年2月上旬に明らかになると、米英両国政府は同月下旬、この銀行を制裁対象に加えた。これを受けてＵＡＥ中銀は、23年3月末にＭＴＳバンクの免許を取り消した。米政府で経済制裁を担当する財務省当局者などが、ロシアとの金融面の結び付きを制限するようUAEに圧力をかけた結果と見られている。

米国や英国が不満を強めると、UAEはその不満をなだめるような対応をする。ただし、ロシアとの取引やロシアへの便宜供与をやめるわけではない。

ロシア国旗の色にライトアップしたブルジュ・ハリーファ（エマール社のSNSより）

23年6月12日、ドバイにある世界で最も高い超高層ビル、ブルジュ・ハリーファ（高さ829メートル）が、ロシア国旗と同じ赤・青・白の3色にライトアップされた。その日は、ロシアが1990年に独立国家としての主権を宣言したのを記念して「ロシアの日」と呼ばれるロシアの祝日だった。ビルのオーナーであるドバイの政府系不動産デベロッパー、エマール社がSNSにアップしたライトアップの映像は世界に拡散した。そして世界各国のウクライナ支援者から批判を浴びたが、この日のライトアップは、UAEの政府や企業がロシアの政府や企業、ロシア人の顧客との関係を重視していることを象徴的に示す。

米財務省は23年10月、ロシア産原油の取引の価格上限に違反したとして、UAEとトルコに籍を置く企業各1社とその運航するタンカー各1隻を初めて制裁対象に指定した。ウクライナでの戦争が長期化したのに伴い、資金面でロシアへの締め付けを強めようとする動きだ。米財務省は価格上限が効果をあげていると強調するが、原油市場で価格が日々変動するのに、1バレル＝60ドルに固定した上限を続けると矛盾も生じる。原油価格の国際指標となる北海ブレントの価格が80ドル超に上昇しているような局面では、「多くのロシア産原油が『価格上限』を上回る水準で取引されている」という見方が多かった。

石油製品についても、上限を上回る価格で取引される例は少なくない。米財務省は23年12月に、価格上限違反の監視を強める方針を発表した。その際に制裁対象に指定された企業の中には、UAEに本拠を置く船舶管理会社と石油トレーダーが含まれていた。

油だけでなく金・半導体・電子機器なども

経済制裁では、ロシアが生産し大量に保有する金の売却も焦点の一つになった。ドバイには金や金細工を扱う店がたくさんある。金塊を輸入して板や宝飾品などに加工し、地元で販売したり、輸出したりするのは、長年続く産業だ。そのUAEに22年から、ロシア産の金が大量に流入するようになった。ロシアがウクライナ侵攻を始めてから最初の1年間に、UAEがロシアから輸入した金の量は前年の同じ時期の60倍近くに達したともいう。

G7やEUなどの対ロシア制裁が始まる前、ロシア産の金の多くは、金の取引や保管の中心地であるロンドンに運ばれていた。制裁によってその輸出ルートを断たれたロシアは、制裁に加わっていないUAE、トルコ、中国の3国に輸出先をシフトした。UAEでは、鋳造し直したり、再加工したりしてロシア産の痕跡を消した金製品になる。それがUAEから輸出されて世界の市場に出回るようになり、対ロシア制裁を科しているはずの国でも売られている可能性が指摘されるようになった。

米国や英国などはUAEを経由するロシアの金の流れへの監視を強め、23年11月に英政府が発表した対ロシア追加制裁では、3億ドル以上の資金をロシアが得るのを助けたとして、ドバイに本拠を置く金販売業者が制裁の対象になった。

米英やEUは、UAEからロシアに輸出される品目への監視も強めた。特に目を光らせているのは、軍事用にも使える半導体や積層セラミックコンデンサー、データの送受信・変換用の機器などだ。米国の財務省は23年11月2日に発表した対ロシア追加制裁の際に、「ロシアが中国、トルコ、UAEとの合法的な経済関係を悪用し続け、これらの国が外国の技術や装備の輸出、再輸出、積み替えの拠点になっている」と指摘した。そして米政府は、この日と同年12月12日に、中国、トルコ、UAEの企業や個人に制裁を科した。24年2月に米政府が発表したロシア関連の追加制裁リストには、イランの国防軍需省のフロント企業と米当局が見なす在ドバイの企業の名も載っていた。

UAEでは、23年11月に、ドバイに本社を置く金融サービス会社1社も米国の制裁対象になった。この金融サービス会社が、銀行や証券会社に口座を開設してロシアから資金や金融資産を移すのをサポートし、ルーブル建てで送金された資金をドルに換えることにも関与していたと米財務省は指摘した。一方で米政府は、UAE当局がロシアの銀行に対する免許を取り消したことなどを評価し、UAEとの対立が激しくならないように配慮もしている。

米国の「回廊構想」の狙い

23年9月9日、ニューデリーで開かれたG20首脳会議に合わせて、米国はインド、UAE、サウジ、EU諸国などと覚書を交わし、南アジアから中東を経てヨーロッパに至る新たな経済の動脈「インド・中東・欧州経済回廊」を建設する計画を発表した。港湾を整備して海運によるインドとUAE、サウジの間の結び付きを強める。中東側ではUAEとサウジ、ヨルダン、イスラエルを結ぶ国境を越えた鉄道網の整備を進める。ＵＡＥやサウジが低いコストの再生エネルギーを用いて生み出す電力や水素を域外に輸出するためのケーブルやパイプラインを敷設し、デジタル通信網の拡充なども合わせて行うという構想だ。

ウクライナ危機と対ロシア制裁に伴って、シベリア鉄道などロシアを経由してアジアと欧州を結ぶ物流ルートをつかうのが難しくなった。ロシアとＧ７やＥＵが対立している状況では、一時期注目された北極海航路の利用もままならない。代わりに世界の東西を結ぶ物流ルートにビジネス関係者の関心が集まっていた。この回廊は新たな東西の幹線輸送路の候補として注目され、バイデン大統領はゲームチェンジャーになると力説した。

経済成長がめざましいインド、石油や天然ガスの埋蔵量が豊富で再生可能エネルギーを利用した電力や水素の生産でもポテンシャルが大きい中東産油国、そしてクリーンなエネルギーへの転換を急ぐ欧州諸国。３つの地域を結び付け、モノとエネルギーと情報を大量に運ぶ基幹インフラを、米国が主導して整備する。この構想から読み取れるのは、中国の主導する巨大経済圏構想「一帯一路」に対抗する地政学的な狙いだ。

Ｇ20サミットに首脳が欠席した中国とロシアは、24年からイラン、ＵＡＥ、エチオピア、エジプトを拡大ＢＲＩＣＳのメンバーに取り込んだ。そうなると、石油輸送の大動脈であるペルシャ湾とホルムズ海峡、アジア・欧州航路のかなめである紅海・スエズ運河ルートがこれらの国に囲まれる格好になる。これに対して、米国主導でインドからUAE、サウジを経て地中海に至る回廊は、紅海・スエズ運河ルートを迂回するバイパスという位置付けもできる。UAEはインドとともに、中ロを中心とするBRICSのメンバーになる一方で、米政権が主導する回廊構想で重要な役割を担う。

米国の側か中ロの側かという二者択一ではなく、自国の利益になるなら米国とも中ロとも組むというグローバルサウスの外交を象徴する動きだ。

この回廊の構想は、先に述べたI2U2の枠組みの延長線上に登場した。これから関係各国間の調整が必要になるが、バイデン政権は、地域を超えたインフラの整備と経済統合を進めることが「戦略的、地政学的な利益をもたらす」(サリバン補佐官)と強調した。

巨大なインフラ構想の発表の場ともなった23年9月のG20サミットで、バイデン米大統領とムハンマドUAE大統領は隣り合わせの席になり、この両者が顔を近付けてことばを交わす光景が注目された。バイデン大統領は「インド・中東・欧州経済回廊」構想の発表にこぎ着けたことについて、UAEの協力に謝意を示した。アブダビやドバイの新聞の報道によると、バイデン大統領はムハンマド大統領に対し「あなたに、ありがとう、ありがとう、あり

23年9月のG20でムハンマド大統領と話すバイデン大統領
（ロイター/アフロ）

がとう、と言いたい」とサンキューを3回繰り返し、「あなたがいなければ、これは可能にならなかった」と語ったという。

サウジとイスラエルの関係正常化の内幕

この回廊構想のもう一つの注目点は、サウジとイスラエルの関係正常化を暗黙の前提としているように見えたことだ。バイデン大統領による「回廊構想」発表に先立って、イスラエルではネタニヤフ首相が23年7月に国内の鉄道整備計画を明らかにし、将来的にはサウジなどアラビア半島にある国々との間を結ぶことも可能になると語っていた。

バイデン政権がイスラエルとの関係正常化の仲介をサウジに持ち掛けたのは、22年7月に大統領がサウジを訪問したときだといわれる。そして23年春、中国の仲介でサウジとイランが関係正常化を発表した後、米政権による仲介の動きが本格化した。当時、24年11月の大統領選で再選をめざしていたバイデン大統領は、国内でアピール度の高い外交成果がほしかった。トランプ前政権が仲介したUAE、バーレーンのイスラエルとの正常化と比べても、大産油国でイスラム教の聖地を抱え、アラブの政治で中心的な役割を演じているサウジのイスラエルとの関係正常化には、より大きなインパクトがある。

そして第1章でも触れたように、バイデン大統領は中東をめぐる国際関係について「米国の側か、中国・ロシア・イランの側か」という二元論的な発想が強い。サウジとイランは21年から関係修復について2国間の協議を重ねてきた経緯があり、関係正常化の交渉を中国が一から仲介したわけではない。だが、バイデン大統領は22年7月のサウジ訪問にあたって、ロシアに対抗し中国との競争に勝つためにも米国はサウジに関与する必要があるとワシントン・ポスト紙への寄稿で力説した経緯もある。米国が蚊帳の外に置かれ、中国が仲介役になる形で、サウジがイランとの関係を正常化したことに大統領は焦った。そして、サウジとイスラエルの正常化というより大きな外交成果を追求してホワイトハウスが動いた。

サウジの事実上の最高権力者であるムハンマド・ビン・サルマーン皇太子は、もともとイスラエルとの関係正常化に後ろ向きではない。ＵＡＥなどがイスラエルと正常化した後の20年11月には、当時イスラエルの首相だったネタニヤフ氏が隠密裏にサウジを訪問して、皇太子と会談したと報じられたこともある。

ただし、サウジは人口の約６割が自国民であり、アラブの同胞意識をパレスチナ人と共有している人が多い。アラブ以外の外国人（基本的にノンポリ）が人口の大半を占めるＵＡＥと、かなり事情が違う。しかも、２００２年にサウジが主導してアラブ諸国のイスラエルとの和平イニシアチブをまとめた際に、イスラエルが１９６７年の第３次中東戦争の占領地から撤退し、パレスチナ国家の樹立を認めることを、関係正常化の条件とした経緯があった。

皇太子の実父のサルマーン国王は、アラブ側の原則にこだわる人だ。改革路線が若者や女性に支持され、王位継承を確実視されるようになった皇太子が、国民の間に異論も多いイスラエルとの関係正常化を急ぐ必要はない。話を前に進めるには、イスラエルとの正常化によってサウジがすぐに大きな見返りを得られるインセンティブが必要だ。

バイデン政権の中で、サウジ・イスラエル正常化の仲介にあたったのは、ホワイトハウスのスタッフたちだ。国家安全保障担当のサリバン大統領補佐官をはじめとして、中東・北アフリカ担当のブレット・マクガーク調整官、国際エネルギー問題担当のエイモス・ホッホシユタイン特使（特別調整官）らが、米国と中東の間を行き来した。

サウジが要求した大きな見返り

イスラエルとの正常化についての米国との協議で、サウジ側の最大の関心事はパレスチナ問題ではなかった。関係正常化する見返りに米国は何をサウジに提供してくれるのかが、協議の中心になっていた。サウジとイスラエルの交渉のはずなのに、もれ伝わるのはムハンマド皇太子が米国に何を要求しているか、それにバイデン政権がどう応えるかという話ばかりだった。この協議では、バイデン政権はサウジの人権問題などにこだわらなかった。

皇太子は、ここぞとばかりに大きな見返りを米国に要求した。まず、ＮＡＴＯの基本になっている北大西洋条約をモデルとした、米国によるサウジ防衛の明確化だ。北大西洋条約のような多国間の条約が２国間の関係になじまないのであれば、日米安全保障条約、あるいは米韓相互防衛条約と同じレベルで、米国がサウジ防衛へのコミットメントを確約するよう求めた。これに付随して、米国製の新鋭兵器の供与の保証も要求したといわれる。

もう一つの大きな要求は、サウジの民生用核開発プロジェクトの推進を米国が認め、米国が協力してサウジ国内に原子力発電所を早期に建設することだ。

安保条約については、NATO諸国や日本、韓国のような民主主義国ではなく、価値観を共有していないサウジに、攻撃されたら米軍が防衛する、反撃するという約束を明文化できるのか、という問題がある。米国製の最新鋭兵器の供与も含め、独裁的な王制の国であるサウジを破格に優遇すると、中東の軍事バランスを損ない、逆に中東の安全保障のリスク要因になるという批判的な意見も少なくない。

原子力についてサウジ側は「民生用」と言うが、ムハンマド皇太子は以前から「イランが核兵器を持つなら、サウジも同じことをする」と公言している。核の軍事利用を否定しない国に対する原子力分野での協力は、米国の核不拡散政策と矛盾することになる。

UAEのアブダビに原発があるのは、UAEが「自国でウランの濃縮はしない。使用済み核燃料の再処理もしない」と宣言したからだ。核拡散のリスクが小さいから米国が許容し、韓国が建設を受注できた。サウジは国内に存在するウラン資源を自国で濃縮したいと希望してきたし、状況次第で核兵器を持つ考えも示しているので、本来なら米国が原子力分野で協力する対象になり得ない。だが、サウジは「別の国が協力の用意を示している」と、原子力について中国と組む可能性をちらつかせ、米国に前向きの対応を迫った。

もし、一連のサウジの要求が実現するなら、それはサウジにとって「戦略的ぼろもうけ」

（a strategic bonanza）になると指摘したイスラエルのメディアもある。サウジの要求に応えようとするバイデン政権は、抜け道になる案を検討した。その一つとして一部のメディアが報じたのが、米国がオペレーションする原発をサウジにつくる案だ。サウジへの技術や資機材の供与ではなく、米国の出先機関への供給という理屈にするための便法である。

イスラエルは本来なら、「サウジの核」も潜在的な脅威として警戒するはずだ。もし両国が正常化した後に、イスラエルがイランを攻撃すると、イランがサウジの石油施設や原子力関連施設を報復攻撃の対象にする可能性も完全には排除できない。だとすれば、イスラエルがイランを攻撃する場合には、事前にサウジとの調整も必要になるのか、といった疑問を呈する声がイスラエルにある。だがネタニヤフ政権は、サウジと米国の取引に反対しなかった。

ネタニヤフ首相はイスラエルとパレスチナの2国家共存をめざす中東和平路線を拒んできたし、連立を組む極右政党はパレスチナ問題でのイスラエル側の譲歩は一切認めない。サウジとの関係正常化でパレスチナ問題が主たるテーマになり、イスラエルが妥協を迫られたら、政権がもたない。しかし、サウジと米国の2国間の取引で米国が譲歩し、それでサウジがイスラエルとの関係を正常化してくれるのなら、ネタニヤフ政権にとって好都合だった。

イスラエルでは、ネタニヤフ政権が「司法改革」の名で進める司法の独立を骨抜きにする

23年9月の国連総会で「新しい中東」を説くネタニヤフ首相
（ロイター / アフロ）

立法への反対運動が収まらず、首相は政権生き残りのための成果を必要とした。そういう局面でサウジとの正常化が具体化すれば、政権維持の支えになる。

焦る米国だったが

23年9月20日、バイデン大統領とニューヨークで会談したネタニヤフ首相は、パレスチナへの対応や司法改革問題で大統領が苦言を呈したのに対し、「あなたのリーダーシップの下で、サウジとの歴史的な和平が可能になる」とバイデン氏を持ち上げ、サウジとの正常化は手の届くところまできたと語った。そして9月22日、国連総会で演説したネタニヤフ首相は「新しい中東」と書かれた地図を片手に、サウジとの和平の入り口にあると強調し、サウジとの正常化について「パレスチナ人に拒否権を与えてはならない」と語った。

サウジのムハンマド皇太子も、23年９月20日に放映された米ＦＯＸニュースのインタビューで、イスラエルとの正常化に向けた取引が「日に日に近付いている」と語った。皇太子は「パレスチナ問題は非常に重要だ」とも語った。サウジにとって、米国による安全保障の確約や「民生用核開発」への協力の保証のほうが優先順位は高いと見られたが、正常化への国内の反対論を抑える材料としても、イスラエルがパレスチナ側に何らかの譲歩をすることをサウジは望む。

サウジのファイサル外相は、２国家共存の和平案を再び交渉のテーブルに載せる努力をイスラエルに求めていた。しかし、イスラエル側では、ネタニヤフ首相も連立政権内の極右勢力も、２国家共存という考え方自体を拒否する。23年９月の段階で、パレスチナ問題に関してイスラエルの政権が譲歩する可能性はほとんどなかっただろう。

ネタニヤフ首相やムハンマド皇太子が語ったように、サウジとイスラエルが正常化目前だったかは疑問だ。米政府の中でも国務省は比較的冷めた見方で、ブリンケン国務長官は「そこにたどり着く保証はない」「解決すべき課題がたくさん残っている」と語っていた。

課題の中には、米国の連邦議会、特にバイデン政権の与党・民主党の内部の反対論をどう抑えるかも含まれた。2018年にサウジ人ジャーナリスト、ジャマール・カショギ氏が殺害された事件に皇太子が関与した疑惑など、サウジの人権問題にこだわる議員が民主党には多い。23年10月4日、民主党の上院議員20人が大統領に書簡を送り、イスラエルとサウジの正常化自体は支持するものの、見返りとして米国がサウジの要求を受け入れるのを拒否する考えを示した。サウジを特別扱いにするような安全保障条約も原子力協力協定も、民主党が多数を占める上院では簡単には通らない。

サウジとの安保条約については、米国がイスラエルを防衛することを明文化する条約もつくり、これと抱き合わせでサウジとの安保条約を議会にかければ通りやすくなる、という見方もあった。オバマ元大統領が大統領権限でパリ協定を批准したように、議会の立法手続きを経ずに成立させることも不可能ではないが、トランプ政権が別の大統領令によってパリ協定から脱退した例が示すように、政策が将来ひっくり返るリスクもある。

かなり無理筋の感があるサウジとの取引をなんとか成立させて、サウジとイスラエルの正常化を急ぐのは、米国の外交として適切なのだろうか。米国が多くの譲歩をしてサウジとの取引の成立をめざすことの、戦略的な意味がよくわからない。そういった疑問が欧米の中東専門家や国際問題専門家の間で広がっていた。

英国の王立国際問題研究所（チャタムハウス）は23年10月3日、「バイデン大統領はイスラエルとサウジアラビアの正常化に関する取引を急ぐべきではない」と題する中東専門家のコメントを発表した。24年秋の米大統領選をにらんで拙速な取引をするのではなく、時間がかかっても米国で超党派の支持が得られ、関係各国の国内で永続的に支持されるような外交成果を追求する努力をすべきだ、という趣旨である。中国への対抗を意識しすぎて焦り気味のバイデン政権の中東外交への苦言ともいえた。

サウジとイスラエルの正常化が議論を呼んでいたさなかの23年10月7日、パレスチナのガザ地区を実効支配してきたイスラム組織ハマスがイスラエルを奇襲攻撃し、約1200人を殺害、250人以上を人質にした。この攻撃に対しイスラエルは、「ハマス殲滅《せんめつ》」を目標に掲げて激しい反撃を続けた。イスラエル軍はハマスの幹部や戦闘員が存在すると判断すれば、難民キャンプや学校、病院なども攻撃対象にする。このため、ガザの一般住民多数が巻き添えになって死傷し、家を追われた。

新たな中東の危機の勃発が国際政治をどう動かし、グローバルサウスは危機にどう対応したのか。それを次の章で詳しく見ていきたい。

第4章　中東危機とグローバルサウス

ハマスの奇襲とイスラエルの攻撃

2023年10月7日、パレスチナ自治区のうちのガザ地区を実効支配していたイスラム組織ハマスがイスラエルを奇襲攻撃し、新たな中東危機が始まった。奇襲によってイスラエルでは、およそ1200人が殺害され、250人以上が人質にされた。攻撃を阻止できず、多数の人が犠牲になったため、イスラエル国内に衝撃が広がった。ハマスの動きについての情報を情報機関がある程度把握していながら、政府と軍は奇襲を許す結果になった。その責任はネタニヤフ首相にあると国民の多くは考えた。だが、権力の座に執着する首相は「ハマスを根絶やしにする」と宣言して、野党政治家の一部を取り込んだ戦時内閣を立ち上げ、戦争を主導した。イスラエル軍はガザへの攻撃を続けると同時に、脅威とみなす親イラン勢力などを排除するため、隣接するレバノンやシリア国内への攻撃もためらわずに実行した。

イスラエルはハマスをテロリストと呼び、米国や欧州連合（EU）もハマスをテロ組織に指定する。だが、ハマスはかつて選挙に参加して多くの議席を獲得した政治組織でもあり、ガザの行政を事実上になってきた組織でもある。その行動は過激派「イスラム国」（IS）やアルカーイダなどとは異なる。玉砕し「殉教者」となって天国をめざすのではなく、組織が生き残ることを重視して政治的に動く。それがハマスの特徴である。

今回の中東危機で米国のバイデン政権は、まずイスラエルの「自衛権」を認め、イスラエルへの大規模な軍事援助を実行した。その一方でバイデン政権は、ガザの一般住民が犠牲になるイスラエルの攻撃の行きすぎを抑えようとし、戦火が中東の広い地域に拡大する事態も防ごうとした。ウクライナの危機と中東の危機が重なる展開は、米国の国際戦略の重荷になるし、24年11月の大統領選の前に中東の紛争拡大が石油価格の上昇につながる展開もバイデン政権は避けたかった。同盟関係にある米国とイスラエルの両国の政権の考えに大きな食い違いがあったことも、今回の中東危機の特徴である。

バイデン氏は上院議員時代から「親イスラエル」で知られていたが、副大統領を務めたオバマ政権と当時のネタニヤフ政権がイランに対する政策で激しく対立した経緯もあり、「ネタニヤフ嫌い」と見られてもいた。両者の確執が強まり、米国のイスラエルの政権に対する影響力の限界が露呈する中で、バイデン政権、ネタニヤフ政権、ハマスそれぞれの政治的な生き残りのための計算が絡み合い、ガザの住民の膨大な犠牲を伴いながら危機は続いた。

絶えることのないガザの人道危機

ガザに住む人たちの大半はもともと、１９４８年にイスラエルという国が生まれたときに故郷を追われた人たちと、その子ども、孫、ひ孫にあたる「パレスチナ難民」である。ハマスは87年にパレスチナ自治区の住民のイスラエルに対する抵抗運動の中で生まれた組織で、イスラエルという国家が存在することを拒否する。２００６年のパレスチナ議会選挙で躍進したハマスは、自治政府を主導してきたパレスチナ解放機構（ＰＬＯ）の主流派「ファタハ」を07年にガザから排除して実効支配を始めた。その結果、パレスチナは、ハマスが実質的に統治するガザと自治政府が統治するヨルダン川西岸の2つの地区に分裂した。

パレスチナとの2国家共存による和平という構想に否定的なイスラエルの右派勢力にとって、パレスチナ側の分裂が続くのは好都合だった。ネタニヤフ首相は23年10月7日の奇襲が起きるまで、ハマスによるガザ支配を「必要悪」として事実上容認し、ハマスの力が強くなりすぎないように時々ガザを攻撃して軍事拠点を破壊するという対応を繰り返してきた。

中東では、戦争と平和は１８０度の対極にあるわけではない。イスラエルという国家とその国民が最優先するのは、軍事力をつかってでも自国に対する脅威を排除し、自分たちの身の安全を確保することだ。奇襲攻撃を受けた後、イスラエル国内では、大きな脅威となったハマスを抹殺すべきだとの声が強まる一方で、ガザの一般の住民を戦闘に巻き込むことへのためらいは強くはならなかった。

24年5月、破壊されたガザで家を追われた住民たち
（AP/アフロ）

ガザの保健当局の発表によると、危機が始まってから1年後の24年10月7日までに、人口約230万人といわれるガザで4万2000人近くが亡くなり、負傷者は9万7000人を超えた。住民の多くは家を追われ、ハマス掃討作戦を続けるイスラエル軍の攻撃を避けるために何度も逃避行を繰り返した。

ハマスのメンバーは、軍服を着て基地の中にいるわけではない。多くはふだん普通の服を着て、職場や家庭にいる。イスラエル軍はハマスの軍事部門のメンバー全員をターゲットにし、人工知能（AI）も用いてその動きを追い、居場所を特定すると攻撃を実行した。共同通信はイスラエルのオンラインメディアの情報を引用してそう報じている。

ハマスの幹部や戦闘員が家族とともに自宅にいるところを、イスラエル軍が攻撃する例が相次いだ。

図表4-1　ガザの人口ピラミッド（2023年）

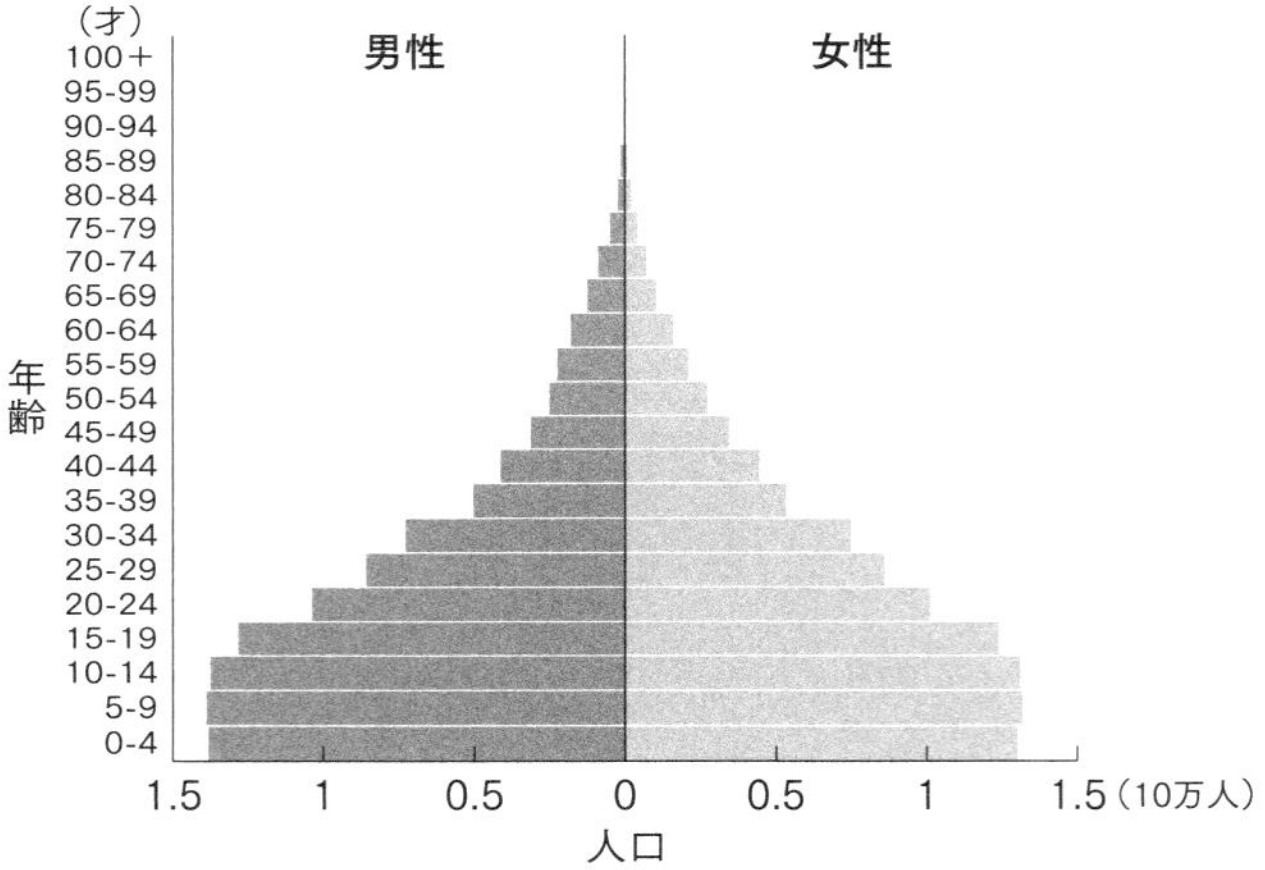

出典：CIAの World Factbook 2023

住民の避難場所になっていた学校や病院への攻撃も繰り返された。死者の多くは一般の住民であり、女性や子どもの犠牲者がきわめて多い。

　ガザは出生率の高い中東の中でも、とりわけ「子だくさん」の地域だ。米国の中央情報局（ＣＩＡ）が世界各国・地域の概要を説明するワールド・ファクトブックの２０２３年版によると、ガザでは18歳以下が人口の約半分、15歳未満の世代が人口の約４割を占める（**図表４-１**）。イスラエル軍の攻撃によって亡くなった住民のうち「４割が子ども、３割が女性」といわれた時期もある。

ガザの人道危機は、日々、現地からの映像とともに世界に伝えられた。しかし、イスラエル国内のテレビのニュースには、攻撃で亡くなったパレスチナ人住民の映像はほとんど登場しない。外国メディアと国内メディアの視点の隔たりは、人道危機に関する認識ギャップの一因にもなった。

パレスチナ問題を再び中東のテーブルに

今回の中東危機の発端になったハマスの奇襲攻撃について、バイデン米大統領は「サウジアラビアとイスラエルの正常化を阻むため」という見方を示した。だが、ハマスの軍事部門の広報担当者は21年５月に起きた前回のイスラエルとの軍事衝突の直後から準備を始めていたと語っている。第４次中東戦争（１９７３年10月６日に開戦）から50年の大きな節目にタイミングを合わせ、何年もの時間をかけて周到に準備した攻撃だったと考えられる。

かつてアラブ民族主義が高揚した時代の中東では、イスラエル建国によって難民化したパレスチナ人が自らの運命を自らの意思で決める権利（民族自決権）や、故郷に戻る権利（帰還権）など、「パレスチナの大義」の主張は、政治の重要な要素だった。そして、イスラエルによる支配からの解放をめざすパレスチナ人の運動の連合体としてＰＬＯという組織が影響力を持ち、そのリーダーで94年からパレスチナ自治政府の初代のトップも務めたヤセル・アラファト議長（２００４年11月に死去）の名前は、広く世界に知られていた。

05年１月に自治政府のトップになったマハムード・アッバース議長はその後継者だが、中東の政治潮流は１９８０年代から21世紀の初めにかけて大きく変わった。アラブ民族主義の風化が進む一方、一国単位のナショナリズムが強くなり、アラブ諸国では自国の経済の活性化と若者の雇用機会の創出が最も切実な課題として意識されるようになった。パレスチナ問題への国際社会全体の関心も低下していた。そういう状況の中でハマスは、イスラエルと大きな衝突を起こすことによって、もう一度、パレスチナ問題を中東の中心的なテーマに引き戻した。手段のよしあしは別として、ハマスの狙いは成功したといえるだろう。

米国の対応への評価

危機が始まったときのイスラエルの政権は、ネタニヤフ首相が率いる右派政党リクードが5つの極右・宗教政党と組んだ連立政権だ。「ガザを更地にして、住民を追い出せば、われわれはより安全になる」といった主張を繰り返す極右の閣僚もいた。極右・宗教勢力が連立から抜けると政権が崩壊するため、首相は彼らの極端な主張を抑え込もうとはしなかった。

23年10月18日のバイデン・ネタニヤフ会談
（ロイター／アフロ）

戦闘が止まれば、国民の間からネタニヤフ退陣要求が噴き出す。出直し総選挙になれば、首相の与党リクードが議席を大きく減らすと見込まれた。だから、早く戦闘を終わりにする意思はネタニヤフ氏には乏しかった。「目標を達成していない」「人質解放にも軍事的圧力が必要」という説明を繰り返して軍事作戦を続けることは、政権のサバイバル戦略でもあった。

米国のバイデン政権はハマスのテロを非難し、イスラエルの自衛権を尊重する考えを強調したが、イスラエル支持一辺倒だったわけではない。バイデン大統領は危機が始まってから間もない23年10月18日にイスラエルを訪問し、「米国はイスラエルとともにある」と強調し、イスラエル防衛のための大型軍事援助を約束した。その一方で、２００１年９月11

日に米国で起きた同時テロの際に「われわれは激高し、過ちもあった」と語り、イスラエルに冷静さも求めた。同時テロ当時の米国のブッシュ（子）政権が、激しい怒りと報復を求める感情の中で始めたアフガニスタンやイラクでの戦争は、多数の米兵の犠牲や財政の負担を伴い、米国の足を引っ張る結果になった。大統領はそれをイスラエルの人々に思い起こしてもらおうとしたわけだ。

バイデン大統領がイスラエルを訪問した日には、英国放送協会（BBC）や米国のCNNなど主要な衛星テレビ放送が、大統領の動向の生中継を続けた。同じ日に北京では、第5章に登場する「一帯一路」の国際会議と中国・ロシア首脳会談が開かれたが、北京の動きはその他のニュースの一つという扱いにとどまった。その点ではバイデン外交は成功した。

ブリンケン国務長官の説明によると、大統領のイスラエル訪問には、連帯と支援の表明のほかに、ガザ以外の地域への紛争の拡大防止、米国市民を含む人質の解放についての調整、ガザでの軍事作戦の目的とその後の戦略についてのネタニヤフ政権の考えの確認、住民の犠牲を抑え人道支援を実現するためのイスラエル側への要求などの目的があった。イスラエルが「自衛の戦争」と呼ぶ戦いを米国が全面的に支援する約束と、軍事行動についてイスラエルに自制と熟慮を求めるメッセージ。バイデン大統領はバランスを取ったつもりだろうが、

図表4-2　中東危機についての米国の世論の変化

ガザ地区でのイスラエルの軍事行動を

	支持する	支持しない	どちらとも言えない
2023年10月	50%	45%	4%
2024年3月	36%	55%	9%

出典：ギャラップの調査による

方向性が反対のアプローチを同時に進めようとすれば、親イスラエルの人もパレスチナに同情的な人も不満を抱きやすい。

イスラエルによる攻撃が長期化するにつれて、ガザの人道危機は深刻になり、攻撃を止められない米政府への批判や失望の声が世界に広がった。ギャラップの世論調査によると、米国内でも、23年10月に50％を占めていた「ガザでのイスラエルの軍事行動を支持する」比率が、24年３月には36％にまで低下した（**図表４-２**）。アラブ系やイスラム教徒の市民、比較的リベラルな若い世代がバイデン政権を強く批判するようになり、国内の世論の変化は24年秋の大統領選挙を前にバイデン政権への逆風になった。

一方で、米国の軍事的な対応には評価すべき点も多い。危機が始まってすぐ、米国は２つの空母打撃群（航空母艦を中核とし艦艇と航空機で編成する機動部隊）を中東の近海に派遣した。イスラエルと対立するレバノンのシーア派組織ヒズボッラーやイエメンの武装勢力であるフーシなどににらみを利かせ、これらの勢力を支援するイランもけん制する。戦火が中東の広い地域に拡大するのを抑えるための艦隊の配置だ。

空母打撃群2つをすぐに中東近海に派遣し、配置につかせることができるのは米国だけ。米国がその戦力と機動力を誇示した相手は、イランと親イラン勢力だけではない。サウジアラビアやUAEなど中東におけるパートナーの国々にも、米国のパワーをあらためて示した。

アラブ諸国のジレンマ

アラブ諸国では、ほとんどの国民がアラブの同胞であるガザのパレスチナ人住民に同情し、イスラエルによる攻撃とイスラエル支援を続ける米国に怒った。その一方で、サウジやヨルダンの王家、エジプトの政府などは、ガザの出来事に反応して国民の政治意識が過敏にならないよう注意深く対応した。イランおよびイランと同調する勢力、イスラム主義組織などが、イスラエルや米国への反発を利用して自らの影響力を強めようとすることも、アラブ各国の政権は警戒する必要があった。

サウジの治安当局は、国内でパレスチナ支援の集会やデモなどを行うことは許可せず、聖地メッカを訪れたイスラム教徒がパレスチナ国旗を掲げるのも認めなかった。ソーシャルメディアにイスラエルや米国を激しく攻撃する投稿をした人物が、相次いでサウジ当局に逮捕されたと米国の通信社ブルームバーグは報じている。

23年11月11日、サウジの首都リヤドで開いたアラブ連盟とイスラム協力機構（ＯＩＣ）の合同首脳会議には、当時のイランのライーシ大統領、インドネシアのジョコ大統領や、トルコのエルドアン大統領など、アラブ以外のイスラム諸国の首脳も出席した。首脳会議の会場では、サウジのムハンマド皇太子がライーシ大統領と肩を並べて歩く姿が注目された。

首脳会議の共同声明は、イスラエルが非人道的な軍事攻撃を「自衛」という口実で正当化するのを拒否し、イスラエルの「侵略」を止める断固とした拘束力のある決議の採択を国連安全保障理事会に求めた。そして、パレスチナ問題の解決には、イスラエルとパレスチナの２つの国家が共存する形での公正で永続的かつ包括的な和平が不可欠であると確認した。

ＢＢＣの報道によると、この首脳会議に出席した複数の国の外相が取材する欧米の記者に、「西側諸国はウクライナで民間人を殺しているとロシアを非難しながら、ガザでイスラエルがやっていることを容認するのはなぜだ」と問いかけた。共同声明はイスラム諸国がまとまって米国や欧州諸国に向けて発した声明ともいえる。ただし、具体的な対応策でサウジなど比較的穏健なアラブ諸国がイランと足並みをそろえたわけではない。

イランは23年10月の段階で、イスラエルや米国への対抗措置として石油の禁輸を含む制裁を発動するよう各国に呼びかけていたが、サウジ、UAEなどはこの呼びかけを退けた。イスラエルを支援する国への石油の輸出禁止を掲げた半世紀前の第4次中東戦争のときと違って、いまはほとんどの産油国が「石油を政治の武器にすべきではない」と考えている。11月11日の首脳会議では、イスラエルとの経済・外交関係を断つよう求める声が、シリア、レバノンなどイランが影響力を及ぼす国から出た。しかし、2020年のアブラハム合意でイスラエルとの関係を正常化したUAE、バーレーンなどは、関係断絶の要求を拒否した。シリアはアラブ諸国から米軍の基地を排除することも求めたが、米国を安全保障のパートナーとするサウジ、UAE、カタールなどの国々はこの要求を無視した。

一方でサウジは、イランの要求を退けた後も関係が悪化しないよう配慮し、11月下旬にはサウジがイランへの投資を含む経済協力の提案をしているとブルームバーグが報じた。23年3月にイランとの関係を正常化した後のサウジは、対立再燃を可能な限り避けようとしてきた。両国の対立回避は、中東の広い地域に戦火が拡大するのを防ぐうえでも重要だった。

ガザで人道危機が続いているときに、アラブ諸国はイスラエルに融和的な姿勢は見せられない。しかし、すでにイスラエルと関係を正常化し、経済的な利益も実現しつつあったUA

Eなどは、正常化以前の関係に後戻りする考えもない。サウジもイスラエルとの正常化に関する動きを凍結したと報じられたが、米国との協議を打ち切ったわけではない。第3章で触れたように、両国の正常化を実現したいバイデン政権がサウジに大きな見返りを与えようとしていたからだ。

パレスチナの国家承認というカード

バイデン政権でサウジとイスラエルの正常化について調整に当たっていたホッホシュタイン特使は、レバノンのシーア派組織ヒズボッラーとイスラエルの衝突激化を抑えるための米国とレバノン政府の調整役に転じていた。マクガーク調整官も、ハマスにとらわれた人質の解放のための関係各国との調整という新たな任務に就いたが、両者ともワシントンとイスラエル、アラブ諸国の間を行き来する役回りであり、サウジ・イスラエル正常化に関連した調整も続けやすかった。ブルームバーグによると、米国のサウジ防衛に関する取り決めなどの交渉は24年1月に再開した。

バイデン米大統領はサウジに、中国との協力関係をこれ以上拡大しないでほしいという要望を繰り返し伝えたようだ。24年に入ると、サウジはＢＲＩＣＳへの加盟をあいまいにし始めた。23年8月のＢＲＩＣＳ首脳会議の決定に従えば、サウジは24年1月1日からＢＲＩＣＳのメンバーになったはずだが、年初にそう報道したサウジの国営テレビは後日、その報道をＳＮＳから削除したという。24年1月、スイスの保養地ダボスで開かれた恒例の「ダボス会議」（世界経済フォーラム年次総会）に出席したサウジのカサビ商業相は「ＢＲＩＣＳには、まだ正式に加盟していない」と語った。24年6月10日、ロシア中部の都市ニジニ・ノブゴロドで開かれたＢＲＩＣＳ外相会議には、サウジのファイサル外相が出席した。ただし、同外相が座ったのは、ＵＡＥやエジプトなどと並ぶ加盟国代表の席ではなく、加盟候補として議長国ロシアから招待された国の代表の席だった。

ファイサル外相は1月のダボス会議のパネルセッションに登場した際に、「地域の平和には、イスラエルのための和平が含まれることに同意するが、それはパレスチナ国家を通じたパレスチナ人のための和平によってのみ起こり得る」と強調していた。その後、サウジ政府は、イスラエルとの関係正常化の前提として、「まずイスラエルがパレスチナ人の国家を認め、2国家共存への道筋を明確にする必要がある」との主張を繰り返した。

アラブ連盟に加盟している国々をはじめとして、ロシア、中国、インド、インドネシア、ブラジル、南アフリカなど、24年4月時点でパレスチナを国家として承認している国は約1

４０カ国あった。欧州連合（ＥＵ）の中でも、チェコ、ハンガリー、ポーランドなど冷戦時代に東側だった国や、北欧のスウェーデンはパレスチナを国家として承認済みだ。

これに対し主要7カ国（Ｇ７）のメンバーである米国、カナダ、英国、ドイツ、フランス、イタリア、日本は、パレスチナ自治政府との関係を保ちつつも、パレスチナを国家として承認していなかった。ＥＵ諸国の多くや、韓国、オーストラリア、ニュージーランドなども、パレスチナの国家承認には至っていなかった。

今回の中東危機への対応で、米国を含むＧ７諸国は中東地域安定のために2国家共存による問題の解決が不可欠と強調するようになった。この動きを見てサウジなどは「Ｇ７諸国はまずパレスチナを国家承認すべきだ」と要求し始めた。

Ｇ７側でも当時の英国のキャメロン外相（元首相）が24年1月末、２国家解決に向けて「後戻りすることのない進展をパレスチナの人々に示す必要がある」と語り、国家承認の可能性を示唆した。フランスのマクロン大統領は24年2月、「パレスチナ国家承認はフランスにとってタブーではない」と明言した。米国もバイデン政権の内部でパレスチナ国家承認の検討を始めた。日本の政府関係者は、「国家承認は一回しか使えないカードなので、タイミングは難しいが、欧州の主要国に後れをとらないようにしなければいけない」と語っていた。

Ｇ７の姿勢の変化を「外からの圧力」と受け止めるイスラエルのネタニヤフ首相は24年２月、２国家解決策の押し付けは拒絶すると述べ、パレスチナ国家を認めることは「ハマスのテロ攻撃に『ほうび』を与えることになる」と主張した。米欧とイスラエルの関係は10月７日以前には想像できなかったほど、きしみを強めていく。

「ジェノサイド」だと訴える南アフリカ

一方、新興国・発展途上国のほとんどは、当初からイスラエルを強く非難してきた。その中でもイスラエルに対して特に厳しい対応を見せたのが南アフリカだった。23年12月29日、南アフリカ政府は、イスラエルがガザで行っている攻撃がパレスチナ人に対するジェノサイド（特定の人種や民族、宗教の集団を抹殺しようとする行為）に当たるとして、国連の司法機関である国際司法裁判所（ＩＣＪ、本部所在地はオランダのハーグ）に提訴した。

南アフリカは１９９１年に廃止を宣言するまで、白人の政権が有色人種の権利を制限するアパルトヘイト（人種隔離）政策を実行していた。人種差別に抵抗する運動の指導者で、94年に黒人として初めて同国大統領となったネルソン・マンデラ氏は、パレスチナ解放運動に連帯の意思を示した人でもあった。イスラエルがヨルダン川西岸地区の大部分を事実上支配

23年末、南アフリカはイスラエルを国際司法裁＝上＝に提訴（アフロ）

し、パレスチナ人住民を抑圧する状況は、「イスラエルによるアパルトヘイト」とも呼ばれる。南アフリカの政府や議会が中東の危機に敏感に反応した背景には、そういう事情がある。

ジェノサイドという用語はもともと、１９３９年にナチス・ドイツが侵攻したポーランドで、生きるか死ぬかの危機を経験したユダヤ系の人がつくったことばだ。48年に国連総会で「集団殺害罪の防止および処罰に関する条約」（通称ジェノサイド条約）が採択され、こうした行為は国際法上の犯罪と規定された。南アフリカもイスラエルも、この条約を批准した国である。南アフリカは、歴史的なジェノサイドの被害者の立場を引き継ぐイスラエルが今回、ジェノサイド条約が定めた義務に違反し加害者になったとして訴えた。そして、イスラエルにガザでの戦闘停止と軍の撤退を命じ、責任者を裁判にかけるよう、国際司法裁に求めた。

24年1月11日に始まった審理で、南アフリカ側は「イスラエルの国家の最高レベルでガザを破壊する意図が形成されてきた」と主張し、ネタニヤフ首相らを「ジェノサイドの扇動者」に位置付けた。イスラエル側は、ガザの住民を無差別に殺傷する意図はないと反論し、軍事作戦はハマスが企てたジェノサイドに対する「自衛権の行使」だと主張した。

最終的な判決までには長い時間がかかるといわれているが、国際司法裁は24年1月26日に暫定的な措置として、罪のないパレスチナ人の殺害を防ぐため直ちに行動するようイスラエルに命じた。これは停戦を命じたわけではないし、ガザの住民を守るために直ちに行動せよという命令にイスラエルが従う見込みもない。それでも南アフリカ側は「国際的な法の支配に関する重要な判断だ」と強調し、パレスチナ自治政府は「イスラエルおよび常にイスラエルを免責してきた者への警鐘」になるとの考えを示した。南アフリカは、イスラエルの軍事攻撃だけでなく、イスラエルがガザの住民の多くを強制的に立ち退かせたことや、食料など支援物資の運び込みを制限し、病院を破壊したことも、国際法に反すると訴えた。

アジア、中南米、アフリカの国々の多くが、南アフリカの主張に賛同した。ブラジルのルラ大統領も、イスラエルによるガザ攻撃は「ジェノサイドだ」と語った。グローバルサウスの人々にとってこの裁判は、「国際システムの信頼性を試すもの」（英フィナンシャル・タイムズ紙）になった。

世論受け狙う中ロはイスラエルと関係悪化

国際世論の動きを見ていた中国は、23年から24年にかけて「ガザ攻撃は自衛の範囲を超えた集団的懲罰だ」と指摘して、イスラエル非難を強めた。中国はハマスによるテロ行為を明確に非難することも避けた。

ロシアのウクライナ攻撃を国際法違反と非難し、中国のウイグル人に対する扱いを人権抑圧と非難する米国は、イスラエルのガザ攻撃を容認し、イスラエルへの軍事支援を続けるのか――。世界の多くの人が抱く疑問を、中国は米国批判の材料に利用した。自らの主張をアラブ諸国やグローバルサウスの世論の大勢に合わせれば、中国の国際的な影響力拡大にプラスになると習近平政権は判断したのだろう。ロシアも中国と同様な姿勢を取った。そうすることでロシアは、自国の国際的な影響力が多少なりとも回復すると期待したと見られる。

だが、中国やロシアの姿勢は、冷戦後に両国が維持してきたイスラエルとの協力関係を急速に冷え込ませる結果になった。ネタニヤフ・イスラエル首相は中国とロシアに「深い失望」を表明した。危機の後の中東をめぐって、パレスチナ問題への対応と永続的な和平の土台づくりが国際政治の焦点になる局面で、中国やロシアはイスラエルへの影響力を失っていく。

中国は紅海に面したアフリカの国ジブチに軍事拠点を置いているものの、中東とその周辺地域の安全保障を左右するほどの軍事的な基盤や能力はない。ロシアは2015年にシリアの内戦に軍事介入し、それを中東での影響力回復のきっかけにしたが、ウクライナ侵攻が長期化して余力が乏しくなったロシアには、中東の情勢を左右するほどの影響力はない。中国に対抗するためアジア・太平洋に軸足を移そうとしていた米国にとって、ウクライナの危機と中東の危機の同時進行は憂慮すべき展開だが、そういう状況下でも中東の動きにすぐに対応できる米国の軍事力は、中国やロシアを圧倒している。

中国は23年11月20日、サウジ、エジプト、ヨルダン、パレスチナ自治政府などの外相を北京に迎え、王毅外相はアラブの外相団に「中国はパレスチナの大義を支持し、ガザの即時停戦を求めるアラブ諸国の外交努力を支持する」と語った。しかし、この協議から中東の危機打開に向けた動きが進んでいく気配はなかった。王毅外相は24年1月15日、訪問先のエジプトで、ガザの危機収束をめざす大規模な国際会議の開催を呼びかけたが、イスラエルはこの

23年12月6日、アブダビでのプーチン・ムハンマド会談
（ロイター／アフロ）

呼びかけを無視し、アラブ諸国も中国の呼びかけに積極的に応える動きは見せなかった。

23年12月6日には、ロシアのプーチン大統領がＵＡＥとサウジを駆け足で訪問した。22年2月にウクライナ侵攻を始めてから、プーチン大統領がイラン、中国、旧ソ連諸国以外の国を訪問するのはこれが初めてで、ロシアが孤立を深めているわけではないと世界に示す狙いの歴訪だった。ムハンマドＵＡＥ大統領は「親愛なる友人」と呼んでプーチン大統領を歓迎し、プーチン大統領は「われわれの関係は前例がないほど高いレベルに達している」と両国の通商関係拡大を誇った。サウジのムハンマド皇太子との会談では、プーチン大統領は石油政策での協力のほかにイスラエル・ハマス戦争など中東の情勢についても話し合ったと報じられている。

ただし、UAEもサウジも、ロシアとの関係を米国とのパートナーシップより重要と考えているわけではないし、中東危機への対応でロシアと連携を強めるわけでもない。UAEやサウジがプーチン大統領の訪問を歓迎し、米国がそれを容認しているのは、訪問が象徴的な意味にとどまり、中東をめぐるパワーバランスを実質的に大きく変えるものではないからだ。

中国やロシアがイスラエルへの非難と米国への批判を強めると、アラブ諸国やイランの人々、そして世界のイスラム教徒には受ける。だが、中ロが危機の収拾や中東和平交渉の主要な仲介者になるのは難しい。米国の影響力が低下したといっても、イスラエルを多少なりとも動かすことが可能な国は米国しかない。アラブ諸国の政権は、その違いをよくわかっている。サウジ、UAE、カタール、エジプト、ヨルダンなどが今回の危機の後の中東の安定化策について、話し合いを続けている相手は米国だ。そのために米国のブリンケン国務長官は毎月、中東に赴き、アラブ諸国とイスラエルのシャトル外交を繰り返した。

独自のスタンスを保つインド

一方、南アフリカを筆頭にほとんどの新興国がイスラエル非難を続ける中で、独自のスタンスが目立ったのはインドだ。モディ首相は当初、「あらゆる形のテロリズムを明確に非難する」と強調してハマス非難に力点を置き、「困難な時期にあるイスラエルとの連帯」を強調した。モディ政権の与党であるインド人民党（ＢＪＰ）は、国内で多数を占めるヒンズー教徒の価値観に立脚した政党であり、国内や隣国のイスラム勢力と対抗してきた歴史がある。そしてモディ政権は、第３章に出てきたＩ２Ｕ２の枠組みへの参加や、「インド・中東・欧州経済回廊」構想への関心など、イスラエルとの協力、連携にも前向きだ。

モディ政権には、アラブ諸国の中でインドにとって重要なパートナーであるサウジやＵＡＥがハマスを支援しているわけではないという判断もあった。

その後、ガザの人道危機が深刻になると、モディ政権は２国家共存によるパレスチナ問題の解決策への支持を強調し、インドによるガザへの人道支援も約束してバランスを取った。24年３月下旬、イスラム教徒が多数を占めるマレーシアを訪問したインドのジャイシャンカル外相は、中東危機の根底には「パレスチナ人の権利の問題があり、彼らが自分たちの国家を持つことが否定されている現実がある」と語って、インドへの反発を薄めようとした。それでも、イスラエルや米国との関係を重視するインドの姿勢は中国とは対照的であり、新興国の中では際立っていた。

モディ首相は24年２月にＵＡＥを訪問し、前年のＧ20サミットの際に合意した「インド・

中東・欧州経済回廊」に関連する協力協定を結んだ。両国が取り交わした覚書には、送電網の接続やデジタル・インフラ整備での協力などが含まれている。中東の危機が深刻になる中でも、経済的な利益の確保をめざすミニラテラル（少数の国の間）の連携の動きは続く。

24年4月には、トルコのエルドアン大統領がイラクを訪問して、ペルシャ湾からイラクを経由してトルコに至り欧州につなげる新たな物流ルートを整備する協定に署名した。「開発道路」と呼ばれるこの輸送路の構想は、23年5月にイラクが提案したものだが、中東危機が起きた後、イスラエルのからむ経済回廊とは別の物流ルートとして注目されるようになり、イエメンの武装勢力フーシが紅海を経由する航路で船舶への攻撃を始めてからは、その代替ルートとして関心を集めるようになっていた。トルコとイラクが結んだ協定にはカタールとUAEも署名している。アジアと欧州を結ぶ新たな物流ルートについて、UAEは経路と関係国の異なる2つの構想の双方を選択肢としているわけだ。

UAEは仲介役で存在感

こうしたミニラテラルの連携の広がりと対照的なのが、マルチラテラル（多国間）の国際組織の行き詰まりだった。米国と中国・ロシアの対立が激しくなってから、国連は機能マヒ状態に陥り、安全保障理事会が中東危機に対応するのも難しくなった。

安保理がようやくガザへの人道支援の拡大と、支援物資搬入の監督に当たる調整官の任命を求める決議を採択したのは、危機が始まってから2カ月半後の23年12月22日。この決議案を提出したのは、23年末まで安保理の非常任理事国だったUAEだ。日本、英国、フランス、中国など13カ国が賛成し、米国とロシアは棄権した。当初の案にあった、イスラエルに停戦を求める意味合いの「敵対行為の停止」要求に米国が難色を示し、採決は何度も延期されたが、UAEは米国と文言の調整を続け、表現を修正して決議の採択にこぎ着けた。

「ハマスへの非難がない」とイスラエルは決議を批判し、停戦要求の表現を弱めたことにロシアやアラブ諸国は不満を示したが、UAEのラナ・ヌサイベ国連大使（当時）は、ガザの飢餓を回避するためには安保理の決議が不可欠と訴えた。米国もロシアも拒否権を行使せず、安保理決議が成立したのは、全方位の連携を追求するUAE外交の成果と評価されている。

24年1月3日、ロシアとウクライナがそれぞれ200人超という大規模な捕虜の交換を実施した。この仲介役もUAEだ。同国外務省の声明は「仲介努力の成功は、ロシア、ウクライナの双方との強固な友好関係の表れ」と自賛した。UAEはその後もロシアとウクライナの仲介を続け、10月18日の95人ずつの捕虜交換まで毎月のように捕虜交換を実現した。

一方、ガザでは、イスラエル軍によるハマス掃討作戦が続き、24年3月にはガザの端でエジプトとの境界に近いラファァ（アラビア語ではラファァハ）の町とその周辺に、ガザの他の地域から130万人を超える住民が避難し、密集して生活する状況になった。イスラエル軍がガザ地区を封鎖していたので、外から物資を運び込むルートが限定され、食料や医薬品なども少量しか届けることができない。「栄養失調で子どもが亡くなった」といったニュースが相次いで、イスラエルへの非難、バイデン政権への不満が一段と強まった。

ガザの人道危機を止めるため戦闘の休止を望んでいるのに、ネタニヤフ政権が後ろ向きだから実現しない。24年の2月から3月にかけて米国のメディアでは、苛立《いらだ》つバイデン大統領が内輪の会合でネタニヤフ首相について「くそったれ」とか「くたばれ」とか激しいことばでののしっているという報道が相次いだ。24年3月25日、国連安全保障理事会で、日本、韓国を含む10カ国が共同提案したラマダン（イスラム教の断食月）期間中のガザでの即時停戦を求める決議が理事会メンバー15カ国中14カ国の賛成で採択された。イスラエルは「停戦の前提としてハマスによる人質の解放を求めていない決議は受け入れられない」と反発したが、米国は棄権にとどめ、拒否権を行使せずに決議を成立させた。

イスラエルが拒否したため、ラマダン停戦自体は実現しなかったが、バイデン政権とネタニヤフ政権の対立は誰の目にも明らかになり、バイデン政権の内部から「イスラエルへの武器供与に条件を付けるべきだ」という声も漏れ始めた。

さらに強まるイスラエル非難

そういう状況下の24年４月１日、イスラエル軍はその後の情勢に大きな影響を及ぼす攻撃を実行した。ガザでは、住民に食事を提供してきた国際的な援助団体「ワールド・セントラル・キッチン」の車両３台がイスラエル軍による空からの攻撃を受け、乗っていたスタッフ７人（英国籍が３人、ポーランド国籍、オーストラリア国籍、米国・カナダ２重国籍が各１人、パレスチナ人が１人）が殺害された。英国や米国は責任の所在を明確にするよう求め、イスラエル側はこの攻撃に関与した軍の指揮官２人を解任したが、イスラエルへの国際的な非難はさらに強まっていく。

この援助団体が住民に提供する食料は、ＵＡＥが資金を提供する援助物資でもあった。今回の危機が始まってから、ＵＡＥはガザの住民のために仮設病院を開設し、１００床のベッドと医師・看護師を乗せた病院船を派遣し、自動でパンを焼く機械５台と合計60万人分の飲料水を供給できる海水淡水化装置６基などを現地に設置した。陸路でエジプトからガザに運

「UAE AID」のシートに覆われて運ばれる援助物資
（ロイター）

び込む食料や、ワールド・セントラル・キッチン用にキプロスからガザまで船で運ぶ食料は、「UAEの援助」と書かれたシートに覆われ、その映像はガザの情勢を伝えるニュースにしばしば登場していた。「ガザの飢餓を回避する」という大義名分の人道援助事業が、イスラエル軍の攻撃対象になった。これでは「イスラエルと外交関係があるからガザへの大規模な援助が可能になる」と説明してきたUAE政府も、イスラエルの行為に怒らざるを得ない。

米国ではバイデン大統領が、ガザの住民や援助関係者の保護が徹底されないならイスラエルへの軍事援助を見直すと明言した。米国からの兵器や弾薬の供給が止まれば、イスラエルの軍事作戦に影響が出るが、実際にはほとんどの兵器や弾薬の供給は続いた。イスラエル軍が4月1日に実行した別の攻撃、シリアの首都ダマスカスにあるイランの外交施設への攻撃に猛反発したイランが、イスラエルへの報復を公言するようになったからだ。

イスラエルが戦闘機からミサイルを発射して攻撃したのは、駐シリア・イラン大使館の領事部とされる建物だ。イラン国旗が掲げられた外交施設への攻撃と、そこにいたイラン革命防衛隊の上級幹部らの殺害について、イランはイスラエルによる重大な挑発と受け止め、最高指導者ハメネイ師は「罪を犯したものは懲罰を受ける」という警告を繰り返した。

表に出た「影の戦争」

イランが報復攻撃してイスラエル側に被害が出れば、イスラエルがイラン本国への報復攻撃を実行して、大規模な戦争に発展する恐れがある。イスラエルがイランの攻撃を受けるような状況を米国が無視するわけにはいかない。イスラエルがイランの報復攻撃を招く状況をつくったことで、米国からの武器や弾薬の供給も続いた。バイデン政権はイランの攻撃に備えて、米軍で中東を担当する中央軍のクリラ司令官らをイスラエルに派遣し、両国が共同でイスラエル国内の防空態勢を整えた。高度なミサイル防衛システムを装備した米軍のイージス駆逐艦も、イランのミサイル発射に対応しやすい海域で配置についた。

24年4月13日夜、エルサレム上空でもイランのミサイルを迎撃（ロイター）

24年4月13日の夜、イランはイスラエルに向けてドローン約170機、巡航ミサイル30発以上、弾道ミサイル120発以上を発射した。華々しい攻撃開始のニュースはイラン国内では大きな政治宣伝になった。欧米のメディアは、長年「影の戦争」と呼ばれてきたイランとイスラエルの衝突がついに公然化したと報じた。

ただし、その数日前からイランのアブドラヒアン外相（当時）は、ドイツのベアボック外相やオマーンなど周辺国の外相とのリモートの話し合いで「適切で限定的な対応をする」と予告していた。そのメッセージは間接的に米国にも伝わっていた。

イランの報復は、基本的にほぼ同じ方角からある程度の時間をかけてイスラエルに到達する空からの攻撃だった。事後にイランの革命防衛隊関係者は

「使用したミサイルは最新鋭のものではない」とも語っている。米軍の協力も得たイスラエル軍は、飛来したドローンとミサイルの「99％を破壊した」と発表した。

イランが発射したドローンとミサイルを、イスラエルの東側に隣接するアラブの国、ヨルダンの軍も迎撃した。ヨルダンは迎撃のために米軍の戦闘機が領空を飛ぶことも認めた。UAEやサウジなどは、イランの攻撃に関する情報を米軍と共有して迎撃に協力した。イスラエルや米国は、ヨルダンやUAEなどの動きを、イランの脅威に対抗するために米国が仲介してきたイスラエルとアラブの有志国の安全保障面の協力の成果と位置付けたい。

だが、ヨルダン軍が必死になってイランのドローンやミサイルを撃ち落としたのは、イスラエルを防衛するためというよりも、自国が混乱に巻き込まれるのを避けるためというべきだ。ヨルダンは多数のパレスチナ系の国民を抱える国であり、イランとイスラエルの軍事衝突がエスカレートすると、自国の社会の安定が脅かされる恐れがあった。イランのイスラエル攻撃について米国と情報面で協力したと見られるサウジやUAEの目的も、域内の緊張のレベルがさらに上がるのを防ぐことだ。「反イランのアラブ諸国がイスラエル防衛に協力した」と単純に意味付けるのは、妥当ではなかろう。

イラン指導部の国際的な広報の窓口の役割も担うイランの国連代表部は、4月13日のイスラエル攻撃の後、「問題は終わったとみなし得る」との見解をＳＮＳに投稿し、これ以上の緊張激化は避けたいという意思を示した。

４月13日のイランによる攻撃でイスラエルはほとんど被害を受けなかった。だが、イランが初めてイスラエルを直接攻撃したのは事実であり、イスラエルのネタニヤフ首相は「われわれを攻撃する者に対しては、相手が誰であろうと攻撃をやり返す」という発言を繰り返した。そして４月19日の早朝、イスラエルはイラン中部イスファハーン近郊の空軍基地やドローン製造施設などを攻撃した。ただし、イランの核関連施設への攻撃などはなかった。イスラエル側も、報復を限定的、象徴的な範囲にとどめたと受け止められた。バイデン米大統領は「イランへのいかなる対抗措置にも米国は参加しない」考えを示していた。それが、イスラエルの過剰反応を抑えるうえで一定の効果を発揮したように見えた。

動く国際社会

イスラエルによるイラン攻撃の前日４月18日に、国連の安全保障理事会は、これまでオブザーバー国の地位だったパレスチナの「国家としての正式な国連加盟の承認」決議案について討議、採決した。決議案を提案したアルジェリアは「平和はパレスチナを含めることによ

24年５月10日、パレスチナの加盟資格認める国連総会決議
（ロイター/アフロ）

って訪れる。パレスチナ排除によってではない」と力説した。フランスと日本は賛成にまわり、安保理の15の理事国のうち12カ国が決議案を支持した。

英国とスイスは「ガザの軍事衝突の最中」であることを理由に棄権した。米国は「今は時期尚早」「持続可能な和平はイスラエルの安全が保障される解決策によってのみ達成できる」として拒否権を行使した。中国とロシアは米国を批判し、ロシア代表は「拒否権の行使は歴史の流れを止めようとする絶望的な試みだ」と語った。

それから３週間あまり経過した24年５月10日、国連総会の緊急特別会合は、「パレスチナ国家は国連に加盟する資格がある」とする決議を賛成１４３、棄権25、反対９で採択し、安全保障理事会に「前向きな再検討」を求めた。イスラエルは「不条理な決議」と反発し、米国は4月18日の安保理とほぼ同じ理由で反対した。米国が反対をやめない限り安保理の承認は得られず、パレスチナの正式な国連加盟は実現しないが、総会での賛成と反対の票差は圧倒的な大きさだった。アラブ・グループを代表してUAEの国連代表部は、「決定的な瞬間が訪れた」とコメントした。

賛成した国は、中国、ロシアのほか、インド、ブラジル、南アフリカ、インドネシア、サウジ、UAEなど、主要な新興国とイスラム諸国のほとんどを含み、G7の中でもフランスと日本は4月の安保理に続いて賛成票を投じた。この国連総会決議の後、欧州では24年5月下旬にアイルランド、スペイン、ノルウェーの3カ国がパレスチナを国家承認し、6月にはスロベニアもこれに続いた。

国際外交の舞台裏では、サウジとイスラエルの関係正常化をめぐる協議が米国とサウジの間で続いていた。バイデン米大統領は、サウジ・イスラエル正常化の実現にこだわり、正常化実現を取引材料としてイスラエルにガザでの停戦を求める思惑もうかがえた。米国でも国務省は、ホワイトハウスの期待には距離を置いていたように見える。

5月21日に米上院外交委員会の公聴会に出席したブリンケン国務長官は、原子力分野の協力と米国のサウジ防衛に関する取り決めがあと数週間で合意に達する可能性があると語った。

だが長官は同時に、サウジとイスラエルの「正常化を進めるためには、ガザで平穏が保たれ、パレスチナ国家への信頼できる道筋が必要だと、サウジは明確にしている」と指摘した。

ガザの現地では、イスラエル軍がラファへの本格攻撃を始める兆しがあった。バイデン政権は多数の住民や避難民が死傷する事態を避けるため、イスラエルがラファで大規模な軍事作戦を実行しないようけん制を続けた。南アフリカはラファへの攻撃の停止を命じる暫定措置を国際司法裁判所に求め、同裁判所は5月24日、ラファ攻撃の即時停止と、人道支援物資をエジプトから運び込む際に通るラファの検問所の閉鎖の解除を、イスラエルに命じた。だが、イスラエルは攻撃を止めない。

国際司法裁とは別に、個人の戦争犯罪などを裁く国際刑事裁判所（ＩＣＣ）では5月21日、カーン主任検察官がイスラエルのネタニヤフ首相、ガラント国防相、ガザにいるハマスのシンワル指導者など双方合わせて5人の逮捕状を請求した。米国はこの裁判所に加盟していないが、23年3月、ウクライナ国内の占領地域から子どもたちを連れ去ったのは戦争犯罪に当たるとして同裁判所がプーチン・ロシア大統領への逮捕状を出したときには、バイデン大統領が「逮捕状は正当」と歓迎していた。しかし、ネタニヤフ首相らへの逮捕状については同大統領が「ハマスと同罪にするのは不当」と非難した。この反応の違いも、米国のダブルスタンダードと世界に受け止められた。

ガザの危機とは別に、国際司法裁判所は7月19日、イスラエルが行ってきた占領政策は国際法に違反しているとし、ヨルダン川西岸地区や東エルサレムでのユダヤ人による入植を停止するよう勧告した。中東危機が起きる前、22年12月の国連総会決議が司法判断を求めたことに応えるもので、法的拘束力はないとはいえ、１９６７年の第３次中東戦争以来、続けてきた占領を違法と判断した政治的なインパクトは大きい。だが、ネタニヤフ首相は「自分たちの土地に入植するのは合法だ」と勧告を拒絶した。

国際的な司法の判断を拒絶するイスラエルに対し、世界からの非難はまた強まった。だが、イスラエル国内では、ネタニヤフ首相と与党リクードの支持率下落が底を打ち、ジワジワと盛り返す兆し《きざ》が出ていた。国際社会が動き、イスラエルの国際的な孤立が深まったのに、国内では「政権が国際的な圧力によく抵抗している」と評価する声が出る。皮肉な政治状況が続いた。

「その後」へのシナリオ

ガザでの停戦の機運を高めたいバイデン大統領は24年5月31日、イスラエルがハマスに対し、戦闘休止と人質解放を含む新提案をしたと語った。この案は、戦闘休止とイスラエル軍の人口密集地域からの撤退、ハマスによる女性や高齢者など人質の一部解放とイスラエルによる獄中のパレスチナ人の解放、イスラエル軍のガザ全域からの撤退とハマスによる残る人質の解放、亡くなった人質の遺体のハマスによる引き渡しとガザの復興計画の開始――といった段階的なシナリオになっていた。

ハマスは提案を基本的に歓迎する姿勢を示したが、提案者のはずのイスラエル側では連立政権内の極右勢力の一部が強く反対し、ネタニヤフ首相は米国と「認識の相違がある」と語った。ハマスが停戦案の修正を求めると、バイデン政権は修正要求のうちいくつかは対応可能としたのに対し、イスラエルはハマスの修正要求を合意拒否とみなした。実にわかりにくい展開だ。バイデン大統領が、ガザでさらに多くの犠牲者が出る前に停戦に向けた流れをつくろうとしても、イスラエルはそれに乗ってこない。

イスラエル軍は６月８日、ガザの中部にある難民キャンプの周辺でハマス側を攻撃し、人質４人を救出した。バイデン政権は当初、米国がイスラエルに提供した情報が人質救出につながったと救出作戦を称賛していた。ところがガザの保健当局が、この作戦で多くの子どもを含む住民２７４人が亡くなったと発表したため、バイデン政権は作戦に米国は直接関与し

プーリア・サミットでガザの停戦を訴えるバイデン大統領
（AP/アフロ）

ていないと釈明せざるを得なくなった。

イスラエルとの不一致が続く中で米政府は、バイデン大統領が明らかにした停戦案の受け入れと履行を求める決議案を国連の安全保障理事会に提出した。そして安保理は6月10日に、賛成14、棄権1でこの決議を採択した。棄権したロシアは、イスラエルが停戦案のどこに同意しているのかと疑問を示したものの、拒否権は行使しなかった。米国のトーマスグリンフィールド国連大使は「住民の命を助け、ガザの再建と復興を支援することで、われわれは団結している」と自賛したが、イスラエルではネタニヤフ首相が決議の前日に「すべての人質の解放とハマス殲滅の目標を達成するまで戦い続ける」と強調していた。

24年6月13～14日にイタリアのプーリアで開いた

G7首脳会議（プーリア・サミット）は、安保理決議を引き継ぐ形で危機への対応を首脳声明に盛り込んだ。声明は、停戦案をイスラエルが提案したものと位置付け、安保理決議の完全な受け入れと履行をハマスに求める文脈になっている。バイデン大統領の説明を踏まえたものだが、違和感が残った。

そしてネタニヤフ・イスラエル首相は6月16日に戦時内閣を解散した。与党外から加わっていたガンツ前国防相が「ハマスとの戦闘後の戦略がない」と首相を批判して戦時内閣から抜けたためだ。結果的に連立政権内で極右勢力の発言力がさらに強まる懸念も広がった。

バイデン政権はイスラエルに対する兵器の供与を見直す可能性を何度も示唆しながら、結局はイスラエルの自衛権を支持するという大義名分で兵器の供与を続け、イスラエルに対する影響力行使のテコを利かせることができなかった。それでもなおアラブの主要国の政権は、戦争が終わった後のガザの統治などについての話し合いを米国と続ける。ブリンケン米国務長官が繰り返すシャトル外交の目的は停戦だけではない。「その後」（The Day after）と呼ばれるガザでの戦闘終了後の枠組みづくりが、地域の安定に向けて戦略的に重要なのである。

イスラエルは「その後」について、明確なシナリオがないまま軍事作戦を進めた。ネタニヤフ首相は24年2月、ガザの統治はイスラエルに敵対的な組織とのつながりがないパレスチナ人が行い、治安維持はイスラエルが行うと語った。5月には「ハマスを排除した文民による政府をつくり、UAEやサウジなどがそれを支援する」という発言もしたが、名前のあがったUAEから「そういう決定をする権限はイスラエルにはない」「ガザでイスラエルの存在を補完するような計画に引っ張り込まれるのは拒否する」という反発を招いた。

アラブ諸国は5月16日にバーレーンで首脳会議を開き、ガザでの攻撃を停止して軍を撤退させるよう、あらためてイスラエルに要求した。それと同時に、2国家解決策が実現するまでパレスチナ地域を保護下に置き平和維持部隊を展開させるよう国連に求めた。

5月30日には中国政府が北京で、アラブ諸国との協力フォーラムを開いた。アラブ側から各国の閣僚級の代表のほか、エジプトのシシ大統領、UAEのムハンマド大統領、バーレーンのハマド国王など一部の国の首脳も出席した。習近平国家主席は「未来を共有する中国・アラブ共同体の建設を促進する」という基調演説を行い、「パレスチナが国連の正式な加盟国となり、1967年の境界線に基づいて完全な主権を持つ独立国家が樹立されることを断固支持する」と語った。だが、会議の主要議題はイノベーション、投資・金融、エネルギー分野などでの協力拡大であり、アラブ側の関心も経済協力に集まった。

米国の失点＝中国の得点ではない

２国間の首脳会談で習近平主席は「パレスチナ問題で中国とアラブは同じ立場を共有している」と強調したが、エジプトの場合はインフラ建設や産業プロジェクトへの中国の協力が共同声明の中心になった。ＵＡＥの場合は、ムハンマド大統領がＳＮＳでアラブと中国の協力は重要と発信したものの、主要な関心事は貿易や投資の拡大だった。バーレーンは中国との関係を「包括的戦略的パートナーシップ」に格上げすることで合意したが、バーレーン側の狙いは自国の経済多角化の促進にあり、ハマド国王は自国への中国企業の投資を呼びかけるのに熱心だった。バーレーンには米国の中東艦隊の母港があり、政治面で米国との関係を中国との関係より重視する基本は変わらない。

英国の王立防衛安全保障研究所（ＲＵＳＩ）で国際部長などを歴任した戦略専門家のジョナサン・アイル（Jonathan Eyal）氏は、シンガポールのストレーツ・タイムズ紙への寄稿で、「中国はガザ紛争の傍観者として米国の政策の矛盾を指摘することができる」「中国は米国に対する幻滅の強まりから利益を得ている」と説明する一方、「中国は多くの国にとって主要な貿易相手であるにもかかわらず、中国が中東地域で何らかの責任を引き受けるとは誰も期待していない」と的確に指摘している。

中東の危機へのバイデン政権の対応には、多くの新興国・発展途上国の人々が失望した。しかし、米政権の失点は、そのまま中国やロシアの得点になるわけではない。グローバルサウスの国々の政権は、米国との関係と中国やロシアとの関係をゼロサムで考えてはいないし、各国の国民が米国の姿勢を嫌っても、政権がその民意に沿って動くわけでもない。大国との関係は、そこから得られる実利次第という傾向は、中東の危機をめぐる国際関係にも基本的に当てはまる。

攻撃と報復の連鎖

24年9月になるとイスラエルは、レバノンのシーア派組織ヒズボッラーによる攻撃を避けて国内の別の場所で生活している北部地域の住民の安全な帰還の実現を、戦争の目的に加えた。そして、レバノン領内のヒズボッラーの拠点への攻撃を強めた。9月17日、18日にはヒズボッラーのメンバーが使っていたポケットベル数千台とトランシーバー数百台が遠隔操作で爆発し、多数の死傷者が出た。イスラエルの諜報機関がダミー会社をつかって、ヒズボッラーが調達する通信機器に事前に爆発物を組み込んでいたとみられる。

さらに9月28日にはヒズボッラーの最高指導者であるナスラッラー師を、爆撃によって殺害し、その後も同師の後継候補とみられた幹部の殺害を続けた。

７月末にはハマスの指導者のハニーヤ氏が、イランのペゼシュキアン新大統領の就任式出席のため滞在中のテヘランで暗殺されていた。イランはハニーヤ氏暗殺への報復は、すぐに実行しなかった。しかし、ナスラッラー師も殺害され、連携している勢力のトップが相次いで倒される事態になったため、10月３日、イスラエル国内の軍事施設など狙って約２００発のミサイルによる報復攻撃を実行した。これに対しイスラエルも10月26日、イラン国内の軍事施設やミサイル工場などを攻撃した。

この間にガザでは、ハニーヤ氏の後にハマスの最高指導者になったシンワール氏が殺害された。イスラエルがそう発表したのは、10月17日だった。

米大統領選の目前まで、挑発と報復が繰り返される展開になった。選挙直前の軍事衝突拡大や石油価格高騰を避けたいバイデン政権は、米軍のミサイル防衛システムをイスラエルに配備するとともに、イスラエルの自制も求めた。これを受けてイスラエル側は、10月26日のイラン攻撃で石油や天然ガスの施設を狙うのは避けたが、イランの核開発に関連した秘密施設は攻撃対象になったもようだ。挑発的な攻撃と報復の連鎖が止まらないことは、バイデン政権の影響力の限界をあらためて示した。

米大統領選前のイスラエルの世論調査では、イスラエルの利益にかなう大統領候補はトランプ氏という回答が68％に達していた。第1期トランプ政権の中東外交は、イスラエルへの全面的な支持とイランに対する強硬姿勢が特徴だった。トランプ政権の復活は自らの政権存続の支えになるとネタニヤフ・イスラエル首相は計算してきた。24年の大統領選が終わった直後、ネタニヤフ首相はトランプ氏の勝利を「歴史上もっとも偉大な復活」と持ち上げ、トランプ氏と頻繁に電話で協議していることを誇示した。戦闘継続による政権のサバイバルというネタニヤフ氏の思惑通りの展開に見えるが、地域の安定への展望は開けてこない。

次の章では、経済成長の頭打ち感が急速に強まり、さまざまな面で変調が表面化してきた中国と、グローバルサウスの関係の変化を追っていく。

第5章　中国の変調とグローバルサウス

「台頭」から「頭打ち」へ

２０２３年から24年にかけて、中国の経済状況についての世界の論調が大きく変わった。米欧のメディアで定番になっていた「台頭する中国」（Rising China）という表現が消えていき、代わって「頭打ちの中国」（Peak China）という表現が増えた。中国では、不動産バブルがはじけてマンションなどの価格が下落し、株価も大幅に下がった。中国の国民の多くが節約意識を強め、消費は盛り上がりに欠ける。対外貿易も23年は、輸出、輸入ともに前年比でマイナスだった。習近平国家主席は、23年12月31日夜に国営テレビが放送した新年に向けての所感の中で、「一部の企業は経営へのプレッシャーに直面し、一部の人々は就職や生活上の困難に遭遇している」と、経済状況の厳しさを認めた。

中国政府は23年の実質ＧＤＰ成長率が５・２％だったと発表した。「５％前後」という政府目標を達成した形にしたわけだが、実際の成長率はもっと低いはずだという見方も多い。政府発表によると、23年の名目ＧＤＰ成長率は４・６％だった。物価の変動の影響を差し引いた実質成長率のほうが、名目成長率より高いということは、中国の物価が下落傾向にあることを意味する。生産者物価は22年10月から前年同月比でマイナスになり、24年10月まで25カ月連続でマイナスだった。消費者物価はマイナスになった後、24年２月から小幅なプラスに転じたが、豚肉など食料の価格上昇の影響が大きく、自動車やスマートフォンなど耐久消費財の値下がりは続いている。世界がなおインフレ局面にある時期に、中国ではデフレの気配が広がった。

中国の生産年齢人口がピークに達したのは、２０１２年から13年にかけてだ。習近平政権の発足とほぼ同じタイミングで生産年齢人口は減少に転じ、潜在成長率が下がってきた。総人口も22年から減少局面に入り、インドに抜かれて世界２位になった。不動産バブルの崩壊、人口の減少、デフレの組み合わせは、「失われた30年」と呼ばれた１９９０年代以降の日本の経済停滞を連想させる。欧米のメディアで中国の経済状況を「日本化」(Japanification)と表現する例も目に付くようになった。

米国が24年１月に発表した23年のＧＤＰ成長率は、名目が６・３％、実質が２・５％だった(成長率の数字はその後、上方修正された)。23年の名目成長率で米国が中国を上回ったことは、米国経済の底堅さと中国経済の変調を印象付け、米国のメディアで「中国のＧＤＰがいずれ米国を追い越すという予測は、それほど確かではなくなった」という趣旨のエコノミストのコメントが取り上げられるようになった。

ちなみに日本では、日本経済新聞社とつながりの深いシンクタンクである日本経済研究センター（ＪＣＥＲ）が22年12月に、「中国の名目ＧＤＰが今後数十年で米国を追い抜く可能性は低い」という予測を発表していた。この予測は、ゼロコロナ政策に伴って短期的に成長が急減速するだけではなく、情報通信技術の分野も含めた中国当局の規制強化がイノベーションの妨げになり、米国の中国に対する先端技術の輸出規制が生産性の向上を遅らせ、長期的には人口減少が経済成長の足かせになると指摘している。

経済学の世界では、物価水準が異なる米国と中国の経済規模を単純なドル表示による名目ＧＤＰで比較するのは合理的ではないという意見もある。同じ商品やサービスを購入するときの国ごとの価格の違いを計算に入れた購買力平価を用いて比べると、中国の名目ＧＤＰはすでに17年から米国を上回っている（図表5－1）。ただし、「世界第2位の経済大国」といった一般的なランキングは単純なドル建て名目ＧＤＰの比較による。こちらが将来、米国を抜いて世界一になるのか、ならないのかで、政治的な意味合いは大きく変わる。

これまで、ほとんど常識になっていた「中国がいずれ米国を抜いて世界一の経済大国になる」という見方に疑問符が付き始め、疑問視する見方を紹介する記事がシンガポールの新聞など日米以外のメディアにも載るようになった。これは中国をめぐる国際情勢の注目すべき変化の一つだ。

図表5-1　米中の名目GDP比較　中国は米国の何%か

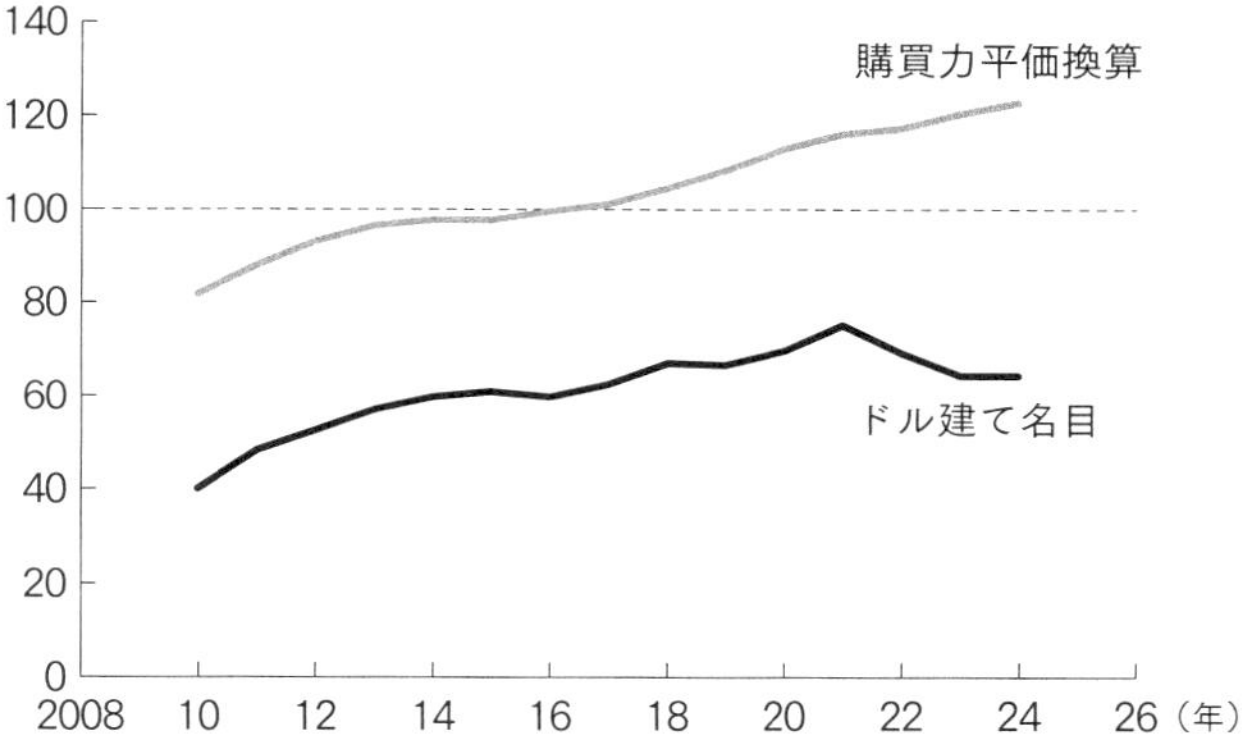

※2024年は予測
　小数点第2位以下切り捨て
出典：IMFのデータマッパーによる

冷え込む対内直接投資

最近の中国の経済統計で最も衝撃的だったのは、国外から中国に入る対内直接投資が落ち込み、四半期ベースで23年7～9月期に初めてマイナスになったことだ（図表5-2）。会社の設立や企業の買収、工場の開設など、事業を行うために中国に入ってきた投資の額よりも、子会社の解散、工場や店舗の閉鎖、事業の縮小などに伴って中国から投資を引き揚げるほうが多かったという図式になる。

年間合計では、ピークだった21年に3441億ドルに達した中国の対内直接投資が、22年にはほぼ半分の1802億ド

図表5-2　中国の対内直接投資（四半期ベース）

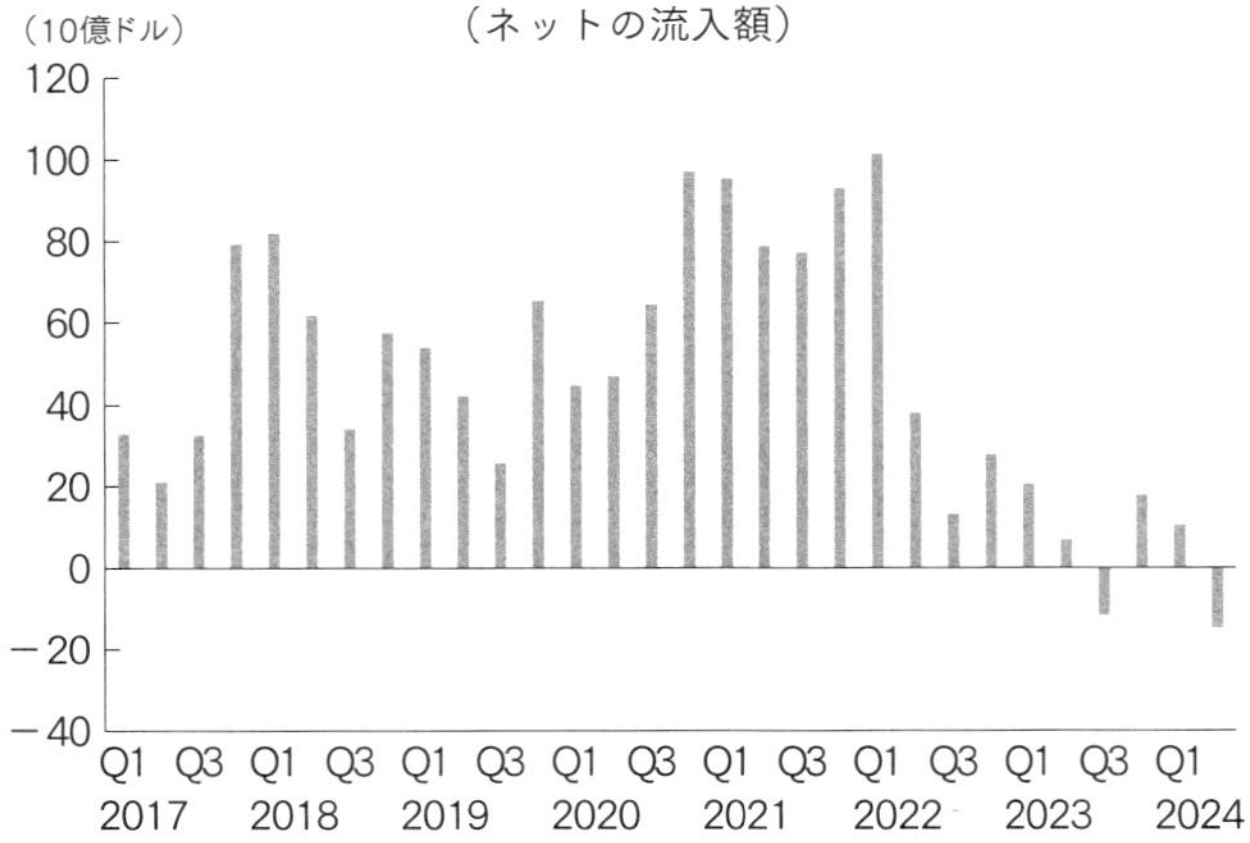

出典：中国国家外貨管理局による

図表5-3　中国の対内直接投資（年間ベース）

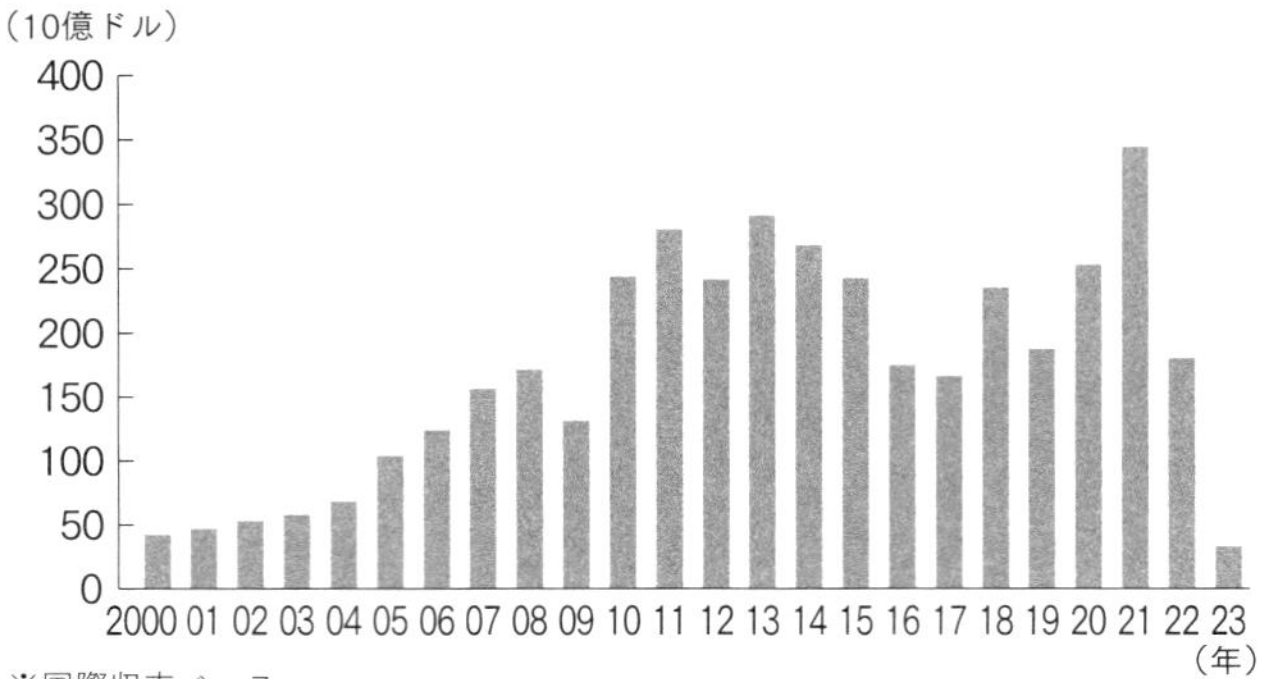

※国際収支ベース
出典：中国国家外貨管理局による

ルまで減り、23年にはさらに8割あまり減って年間330億ドルにとどまった（図表5－3）。23年はピークだった21年の10分の1に満たず、21世紀に入ってから最も少なかった。24年も直接投資の落ち込みは続き、1～3月期が前年同期比56％減の約103億ドルにとどまった後、4～6月期はまた148億ドルのマイナスを記録した。7～9月期もマイナスになり、1990年以降で初めて年間でマイナスになる可能性が指摘されている。

外国企業が中国の現地子会社から受け取る配当のうち、中国に再投資する金額を減らしている。そして最近は、外国企業の間で中国事業の先行きに厳しい見方が強まり、縮小や撤退の決断も広がり始めている。動きが急なのは自動車メーカーだ。

中国の自動車市場では電気自動車（EV）の普及が進む一方で、多くの企業がEV生産に参入して生産過剰になり、価格の下落が目立つ。その中で日本のメーカーは販売不振に陥り、三菱自動車が23年10月に中国からの撤退を発表した。24年には、日産自動車とホンダが相次いで中国にある工場での生産の停止や縮小を決めた。日本の自動車メーカーが鋼板の主要な顧客である日本製鉄は24年7月、中国の宝山鋼鉄との合弁事業から撤退すると発表した。合弁解消によって、日本製鉄は中国での生産能力の約7割を削減するという。

流通大手の中国での事業にも逆風が吹く。インターネット通販との競合が激しくなっていたところに、個人消費の低迷が追い打ちをかけた。三越伊勢丹グループと中国資本の合弁事業で伊勢丹の名前が入っていた百貨店6店のうち、成都の2店は22年に閉店、天津にあった3店のうち2店は24年4月に営業を終え、上海店も24年6月末に閉店した。上海からの撤退後に残るのは天津の1店舗だけになった。

楽器のヤマハは数年前まで中国でピアノを増産、子どもの教育や習い事におカネをつかうようになった中国の家庭向けに販売を増やし、北京、上海などの大都市で音楽教室の事業も拡大して、中国ビジネスの成功例とされていた。ところが、21年度（22年3月期）に568億円に達していた中国での売り上げは、22年度510億円、23年度428億円と、急激に減った。需要回復の兆しが見えないため、同社は24年度の売り上げ見通しを285億円に引き下げた。理由は個人消費の低迷だけではない。中国政府が、学校の外での子どもの学習時間を減らし、教育に関連した親の出費も減らすという名目の政策を21年に導入した結果、楽器や音楽教室への需要が鈍った影響が大きいという。

ゲームは中国でも成長産業だが、当局はゲームソフトの内容について検閲を強めている。そして21年には、学業や心身の健康に影響する「ゲーム中毒」を防ぐためという理由で、未成年者（18歳未満）がオンラインゲームをできる時間を、金、土、日曜と祝日の午後8時か

22年3月、ロックダウンで閉鎖された上海の街
(Featurechina/アフロ)

ら9時までの1時間だけに制限する規制措置を導入した。さらに23年12月下旬には、利用者の支出を抑制するという狙いで、ゲーム内での課金に上限を設けるなどの追加規制案を公表した。その直後に関連企業の株価が相次いで急落し、市場が混乱したため、当局が追加規制案を撤回するドタバタもあった。

「安全」と「規制」により失われたもの

いまの中国では、政治、軍事、経済、科学技術から、社会、教育、国民の健康に至るまで、あらゆる分野で「安全」がキーワードになり、リスクの除去、リスクの抑制が重視される。共産党による統治の再強化をめざす習近平政権の下で、経済成長よりも「国家の安全」のほうに力点が置かれ、新しい産業や民間の成長企業に対して党が統制を強め、政府当局が国民の生活の細部まで規制しようとする。それがビジネスの成長の勢いを鈍らせたり、社会生活を混乱させたりしても、党と政府はトップの意向に沿って国家の「安全」のほうを重視する。

習近平主席は西側諸国に対して中国の優位性を示そうとし、新型コロナウイルスの感染拡大を徹底的に抑え込む発想の「ゼロコロナ政策」にこだわった。22年に長期間、上海のような巨大都市のロックダウン（都市封鎖）を続けたのも、経済活動や市民生活より「安全」を優先しようとした例だ。ゼロコロナ政策の解除が遅れ、生産、物流、消費の停滞を長引かせたことは、中国経済変調の一因になった。

中国の国民は、住宅価格の上昇が続くという思い込みが強く、マンション購入は投資の手段ともみなされていた。住宅価格が下落に転じた大きなきっかけは、バブルを抑えようとした政府、金融当局が20年8月に不動産融資規制を導入したことだ。21年をピークに主要都市の住宅価格が下がり始め、需要は急速に冷え込むようになった。デベロッパーの経営破たんが広がり、マンション建設工事の停止が相次いだ。住宅不況は、鋼材やセメントなどの建設資材や、家電製品、家具などの需要を冷やす。住宅価格の下落による逆資産効果で、消費も全般に低迷するようになった。

24年9月の新築住宅価格指数を見ると、主要70都市のうち北京、深圳、広州を含む66都市で前月より価格が下がり、南京は横ばいで、上昇したのは上海など3都市だけだった。住宅ローンの頭金の比率を減らし、ローンの金利を引き下げるなど、需要を刺激する対策が導入された後、上海では新たな需要も出てきて建設工事も一部再開しているという。だが、中国のほとんどの地域では需要が落ち込んだままだ。

消費マインドの冷え込みは、コーヒー店の経営環境にも影響を及ぼす。都市の中高所得層を中心に中国社会に浸透した米国のスターバックスは、24年1月に中国国内の店舗数が7000を超えた。ところが、売り上げは急速に鈍り始め、24年4〜6月期の既存店売上高は前年同期と比べ14％減った。競争相手である中国のコーヒーチェーン最大手「ラッキンコーヒー」も、同時期の既存店売上高は20％強のマイナスだったという。

消費者の財布のひもが堅くなると、ブランド品が売れなくなる。中国で売り上げを大幅に伸ばしてきた「バーバリー」や「グッチ」など欧州の高級ブランドは、23年から24年にかけて販売額が大幅に減った。バーバリーの場合、24年4〜6月期に中国での不振が響いて大幅な減収になり、最高経営責任者（CEO）を更迭し、配当を停止する事態に至った。

中国での事業が、増益の要因から減益や赤字の要因に転じ、株価を上げる材料から下げる材料に変わった。そういう日本企業、欧米企業は数多くある。

かつて中国の自動車市場で50％を超えるシェアを誇ったドイツのフォルクスワーゲン（VW）も、BYDなど中国企業の電気自動車（EV）との競争で劣勢を強いられ、23年のシェアは14％台まで低下した。VWはグループの生産拠点を中国に集約する動きを進めていたが、24年も中国での販売台数の減少は止まらず、欧州でも低価格の中国車にシェアを食われて、VWの業績は悪化した。24年9月には、エネルギー価格が割高なドイツ国内の工場の閉鎖を検討する事態に至り、中国資本と合弁の南京工場を閉鎖する可能性も取りざたされ始めた。

米国最大の自動車メーカー、ゼネラルモーターズ（GM）の中国での販売台数も、23年にはピークだった17年の約半分の210万台にとどまった。24年上半期も中国での事業は赤字になり、リストラを迫られた。GMのメアリー・バーラCEOは24年4〜6月期決算の説明会で「中国市場にはとても大きな過剰生産能力があり、新興企業や既存の競争相手は収益性よりも生産を優先している」「中国で稼いでいる会社はほとんどない」と語っている。

多くの外国企業にとって、中国ビジネスを拡大する一方の時代は終わり、撤退や縮小の可能性も含めて中国での事業を見直す時期を迎えた。市場の構造変化や消費の低迷のほかに、政治的な要因によるビジネス環境の変化も、外国企業を悩ませている。

米国で政権が交代しても中国との対立は続き、米国は中国に依存しないサプライチェーン

図表5-4　外国投資家の中国国内株保有額

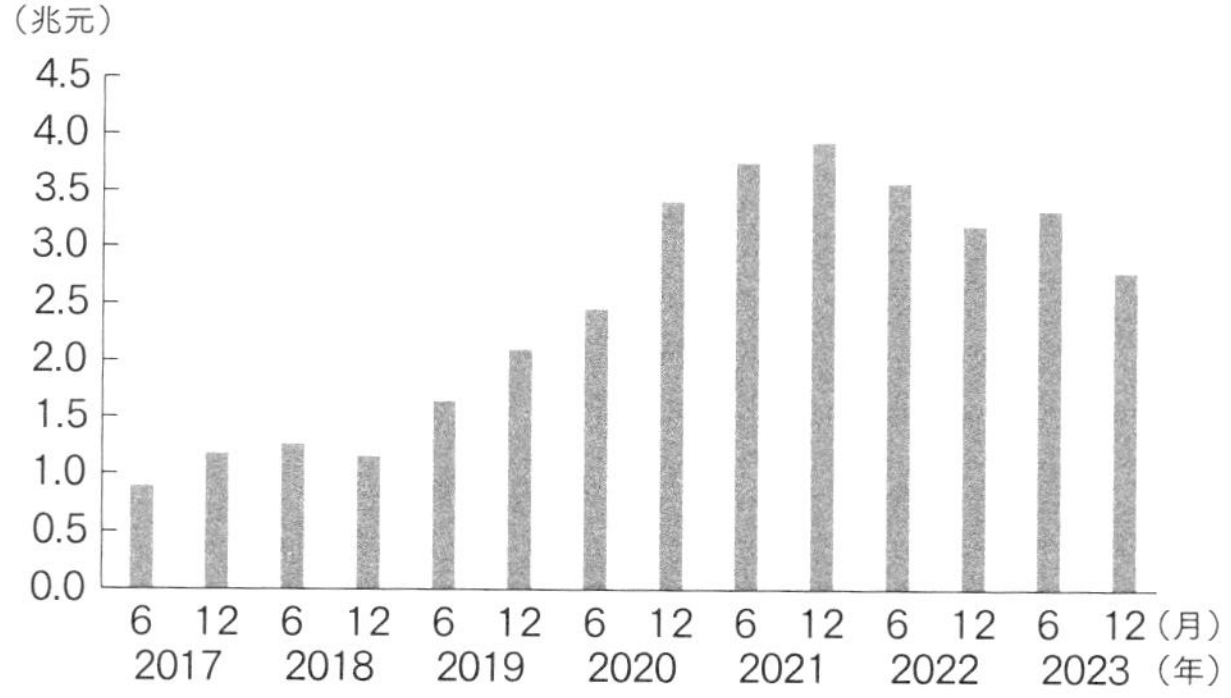

出典：中国人民銀行による

の構築をめざす。一方で中国の習近平政権は、経済成長よりも共産党による統治の再強化と国家の安全を優先し、改正「反スパイ法」の施行などで外国人の言動や外国企業の活動への監視を強める。中国への直接投資が落ち込む背景には、そういう政治環境の変化もある。

中国株が下落

中国をめぐる世界のおカネの流れでは、事業にかかわる直接投資だけでなく、中国の株式や債券を金融資産として購入してきた証券投資の変調も目立つ。

中国の中央銀行である中国人民銀行が発表するデータ（図表5-4）は、外国投資家の「中国株離れ」を如実に示す。外国投資家が保有す

図表5-5　世界の主要株価指数の変化（2021年末～2024年3月末）

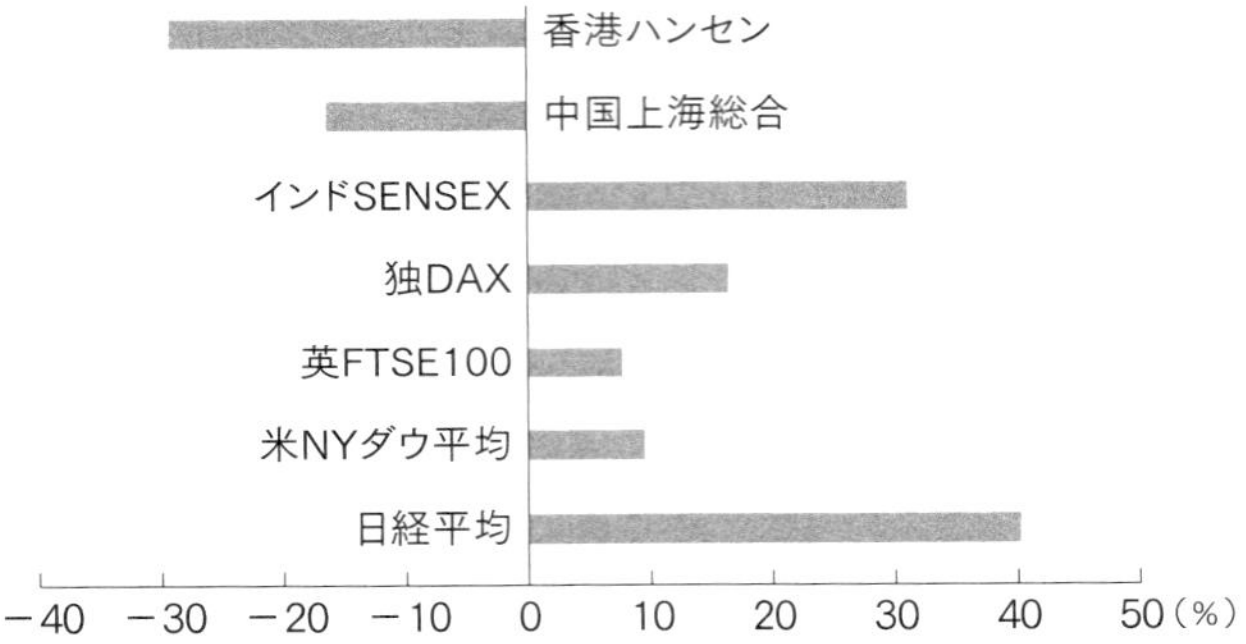

る中国企業の国内発行株式の額は、21年末のピークには3兆9420億元に達していたが、23年末にはピーク時より約3割少ない2兆7900億元まで減った。

22年から24年にかけては、世界的に「株高」の局面だった。ところが、この期間に世界の主要な株価指数のうち中国と香港の株価指数は大幅に下落した（**図表5-5**）。外国の機関投資家が売るから中国や香港の株価が下がり、中国の投資家も値下がりが続く中国株を見切って外国株などに乗り換える動きが起きた。

この時期に株価が大きく上昇したのは日本とインドだ。経済成長率が中国を大きく上回るようになったインドの株価は、2020年からの上げ相場がさらに勢いづいた。日本では、長年にわたってバブル期の１９８９年末に記録した３万８９１５円の最高値を下回り続け、３万円未満が定位置になっていた日経平均株価が、３万円を超えて上昇局面に入り、24年２月にバブル期の高値を抜き、24年３月には初めて４万円を超えた。

米国や欧州などの機関投資家が、ポートフォリオ（運用する資産の構成）の中で中国株の比率を下げる一方で、日本株への投資比率を拡大したり、投資対象から外していた日本株を再びポートフォリオに加えたりする動きが広がった。グローバルな投資資金の流れから見ると、23年から24年にかけて進んだ日本の株高は、「中国株離れ」と連動した現象といえる。

外国投資家の中国国債など債券への投資も22年、23年に減少した。世界の商業銀行、投資銀行、保険会社などを会員とする国際金融協会（ＩＩＦ）の月次のデータによると、非居住者による中国の債券への投資は、22年２月、３月にそれぞれ２６８億ドル、３１９億ドルという巨額の売り越しになり、その後も売り越しの月が多くなった。22年は年間で１２３７億ドルの売り越し、23年は２８１億ドルの売り越しだった。

外国投資家の中国債券売りが目立つようになった22年の前半といえば、上海のロックダウンに伴う混乱など中国の政策の矛盾を、世界の多くの投資家が認識するようになった時期であり、ロシアがウクライナ侵攻を始めた時期でもある。

図表5-6　非居住者による対中国証券投資
（国際金融協会＝IIFの推計、単位：10億ドル）

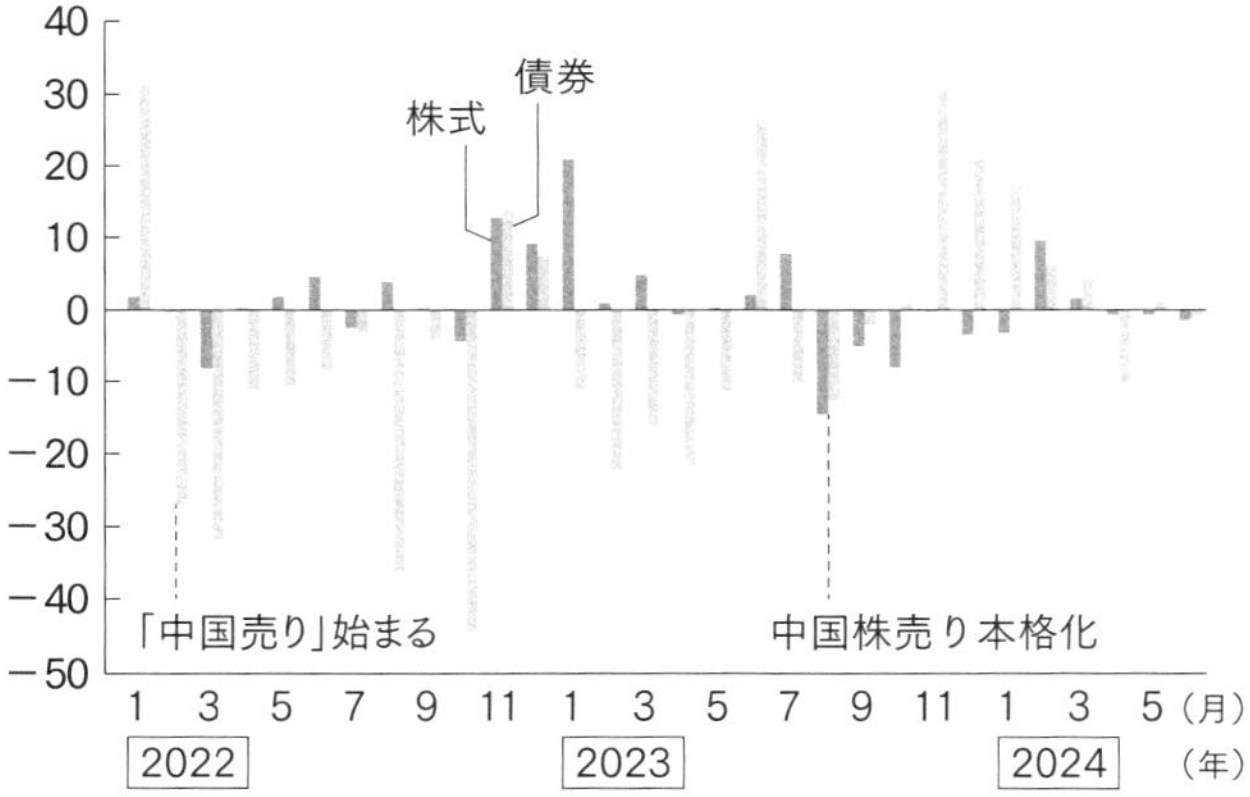

北京での冬季オリンピック開幕に合わせて訪中したプーチン・ロシア大統領は、22年2月4日に習近平主席と会談した。会談後の共同声明は「両国のパートナーシップに上限はなく、協力がタブーになる分野はない」と強調していた。中国とロシアが「限界なき協力」を確認した後、ロシアは同月24日にウクライナ侵攻を始めた。

その翌月にIIFは「中国から前例のない規模で投資マネーが流れ出している」と指摘するリポートを発表した。そのリポートについて米国の通信社ブルームバーグは「外国の投資家の中国を見る目が変わった」「米国や欧州連合（EU）

の対ロシア制裁が何らかの形で中国に波及する可能性も懸念されている」と解説していた。

株式投資についてＩＩＦのデータ（図表５‐６）を見ると、非居住者の中国株投資が１４５億ドルもの大幅売り越しになったのは23年の８月だ。それから24年１月まで売り越しが続き、中国の株価は大幅に下がった。

不透明な当局の動き

中国当局は株価の下支えに動き、国内の投資信託の手数料の引き下げ、株式取引にかかる印紙税の引き下げなどの市場活性化策を打ち出した。次いで、23年末から24年にかけては、中国国内の機関投資家による株売りの規制、国内の投資家が中国株を売る際に乗り換えの受け皿になる米国株、日本株の上場投資信託（ＥＴＦ）の取引の一時停止など、露骨な株価対策が目立つようになった。24年の２月、３月には株価が少し持ち直し、外国投資家も一時的に中国株を買い越したが、その後はまた売り越し基調に変わった。

中国国内の証券取引所は24年８月19日から、それまで行っていた外国投資家による香港経由の中国本土株売買のデータの日々の公表をやめた。外国投資家が売り越しになっていても、それをすぐに確認する手立てがなくなった。

統計データについては、中国の国家統計局が23年8月、若者の失業率の調査方法を見直すので、その間は公表を停止すると発表したことが批判を浴びた。その前の月に発表した6月分の16～24歳の失業率が過去最悪の21・3％を記録した後だったからだ。学生のアルバイト求職などを除外した低めの数字に切り替えて、23年12月分から若者の失業率の統計発表は復活したが、経済状況についてネガティブな印象を与える数字や事実を表に出さないようにする中国当局の動きは、外国の投資家やビジネス関係者の中国不信につながる。

国家統計局が若者の失業率の公表を停止した23年8月から、外国投資家による中国株売りが加速した。中国に対する直接投資が初めてマイナスになったのも、23年の夏から秋にかけてだ。そのころ中国では、謎めいた政治の動きもあった。

人事のミステリー

23年夏の中国政治のミステリーは、秦剛外相がロシアの外務次官らと会談した6月25日を最後に、公の場から姿を消したことだ。習主席のお気に入りといわれ、駐米大使を経て22年12月に外相に起用された秦剛氏の動静がぱったり途絶えた。この異変は世界から注目されたが、理由についての公式な説明はなかった。そして7月25日、国会に当たる全国人民代表大

23年3月の全人代、失脚した秦剛前外相（左端）と李尚福前国防相（左から3人目）（新華社/アフロ）

会（全人代）の常務委員会（全人代の閉会中に機能を代行する）が、秦剛外相を解任したうえ前任者で共産党政治局員の王毅氏を外相に復帰させる人事を承認し、公表した。

秦剛氏については、不倫や婚外子の存在など、いろんな説が流れたが、結局、外相解任の理由は明らかにされていない。

外相に続くミステリーは、国防相が動静不明になったことだ。23年3月に就任したばかりの李尚福国防相は、同年8月29日に北京で開かれた国際会議でスピーチしたのを最後に動静が伝えられなくなった。その後、外国メディアに「汚職容疑で取り調べ中らしい」という記事が載り、結局、10月24日に全人代常務委で解任が承認された。その直後に北京では、安全保障についての多国間の対話の場である「香山フォーラム」が開かれた。だが、本来なら基調演説をするはずの主催国・中国の国防相は不在のままだった。

翌年24年の7月に開かれた中国共産党の重要会議、「第20期中央委員会第3回全体会議」（3中全会）では、前外相の秦剛氏は引き続き「同志」と呼ばれ、自発的に党中央委員を辞職したという穏便な扱いになった。一方、李尚福・前国防相は、その前任の魏鳳和《ぎほうか》・元国防相とともに党籍はく奪という重い処分を受けた。23年7月にロケット軍（弾道ミサイルや長距離の巡航ミサイルを担当する部門）の司令官を解任された李玉超氏らも、3中全会で党から除名された。国防相経験者2人を含む上級幹部への厳しい処分は、軍の中にまん延する腐敗、汚職の深刻さを物語っているのだろう。

秦剛外相、李尚福国防相の解任は、習近平政権が政府や軍の上層部の規律を引き締める狙いと見られるが、外相がおよそ1カ月間、国防相は2カ月近くも動静が不明になり、その理由についての説明もないのは、異常な事態である。「何か変だぞ。最近の中国」。外国の政府関係者、ビジネスパーソン、投資家、メディアの間に、そういう印象が広がった。

今一度、投資を呼び込むために

21世紀に世界中から資金が集まってきた中国で、外国からの投資の落ち込みと巨額の資金の流出が深刻な問題になっている。中国企業が生産性向上や技術革新を進めるためにも、中国が成長の弾みを保ち、新たな雇用機会をつくり出すためにも、外国からの投資は欠かせない。中国の外交で、米国、欧州諸国、日本、韓国、中東産油国などからの「投資の確保」が、重要な課題になってきた。

23年10月に北京で開いた広域経済圏「一帯一路」の第3回国際協力サミットフォーラムで、習主席は「製造業分野で外国資本の参入を制限している措置は全面的に撤廃する。サービス貿易や投資の分野ではレベルの高い開放を進める」と強調した。直接投資の激減に懸念を強めたトップが、自ら投資環境の改善を約束して外国の要人に投資を呼びかける。似たような光景が、これ以後いろんな国際会議で繰り返されていく。

23年11月15日、アジア太平洋経済協力会議（APEC）首脳会議に出席するため米国のサンフランシスコを訪問中だった習主席は、およそ1年ぶりにバイデン米大統領と対面で会談した。4時間にわたった会談では、前年11月から途絶えていた米中国防相会談の実現や、双方の軍の司令官による対話の再開などで合意した。22年8月に当時のペロシ米下院議長の台湾訪問に反発して中国が停止した対話の枠組みを元に戻し、23年2月に米国上空に飛来した中国の気球を米国が撃墜した事件でさらに高まっていた対立のレベルを下げる。そういう方

23年11月の会談の際のバイデン大統領と習近平主席
（ロイター/アフロ）

向を示す会談だった。

これで米中間の懸案が解決に向かうわけではないが、首脳会談の結果が欧米やアジアの企業にポジティブに受け止められることが、中国にとって重要だった。

米中首脳会談を終えた日の夜、中国は米国企業の経営者を招き、サンフランシスコで夕食会を開いた。テスラのイーロン・マスクCEOやアップルのティム・クックCEOらを前にして、習主席は「中国は米国に挑戦したり、取って代わったりするつもりはない」「中国は米国のパートナーであり友人だ」と語り、中国への投資の継続を呼びかけた。

それから100日あまりを経た24年3月5日の北京。全国人民代表大会（全人代、中国の国会に当たる）の初日に政府活動報告を行った李強首相は「外

24年3月の全人代で「5%前後」の成長目標掲げた李強首相
（ロイター/アフロ）

国資本の誘致に一層力を入れる」「製造業への参入規制を撤廃し、通信、医療などの分野で参入規制を緩和する」と強調し、投資の確保が重要な任務になったことをあらためて示した。

李首相の政府活動報告は、中国の24年の実質成長率の目標を前年と同様に5%前後と定める一方、「目標の達成は容易でない」と付け加えた。重点活動任務のトップに据えたのは「新しい質の生産力の発展加速」だ。「内需の拡大に力を入れる」も重点活動任務に入っていたが、具体的な消費刺激策や不動産不況対策が示されたわけではない。需要を増やすことが重要な局面なのに、習近平政権が重視するのは主として供給面の改革だ。技術革新や生産性の向上は重要だが、効果が現れるまでには時間がかかる。即効性のある景気対策はないのかという失望が全人代の後に広がった。

毎年3月に開く全人代では、閉幕時に首相が記者会見をする慣例だったが、24年から首相の閉幕記者会見がなくなった。習近平政権が3期目に入ってから、政策の意思決定は「党中央」が行い、政府は決まった政策を執行する役割になったとされている。この役割分担は「ガバナンス改革」と位置付けられ、首相会見がなくなったのも、これと関係があるらしい。

「忠誠心」優先の習近平流ガバナンス

中国共産党には約200人の中央委員がいて、そのうち二十数人が政治局員に選ばれ、党中央政治局会議のメンバーになる。政治局員のうちの7人が政治局常務委員に選ばれ、中央政治局常務委員会が党の最高意思決定を担う。コーポレート・ガバナンス（企業統治）にたとえれば、中央政治局常務委員会がボード（取締役会）で、党のトップの総書記である習近平氏がCEO、政府は執行部門で首相をはじめとする大臣は執行役員という位置付けになるのだろう。

企業価値の向上や収益の拡大をめざすガバナンス改革なら、客観的かつ適切な意思決定をするためにボードのメンバー構成の多様性や異なる視点に基づく意見が重要になる。投資家、顧客、取引先、従業員、地域社会などステークホルダーから信頼されるためには、たとえネガティブな内容であっても、正確で透明性のある情報をタイムリーに開示する必要がある。

だが、22年10月に第３期に入った習近平政権下の中央政治局常務委員を見ると、ナンバー２で首相の李強氏、ナンバー５で党の中枢である中央弁公庁主任を務める蔡奇氏といった有力メンバーは、習近平氏が地方の役職に就いていた時期の部下だ。忠誠心を基準にボードのメンバーを選んだと見られている。そして、いまの中国では、政権にとって都合の悪い情報やデータを隠そうとする傾向が、以前より強まっている。

習近平流のガバナンス改革の目的は、経済成長ではなく共産党による統治の再強化。だから、多様性より忠誠心が優先されるのかもしれないが、これがコーポレート・ガバナンスなら真っ先に問題になるところだろう。情報隠し、透明性の欠如も同様だ。製造業に強く執着して支援を続ける一方、新たな成長につながるソフト関連産業への規制を強める傾向も、習近平政権の経済政策で気になる点だ。

24年３月の全人代で中国政府は、通常の予算の枠外で超長期の特別国債を発行し、経済対策に充てる方針を打ち出した。ただし、想定する発行額は１兆元（24年３月のレートで換算して約20兆８０００億円）規模とされ、23年に１２５兆元に達した名目ＧＤＰの０・８％程度にとどまる。胡錦濤政権下の08年11月にリーマン・ショック後の不況を回避するために打ち出した総額4兆元（発表時のレートで約57兆円）の経済対策が、当時の名目GDPの十数パーセントの規模だったのと比べると、インパクトは弱い。

リーマン・ショック後の対策では、数年間にわたって中央政府が高速鉄道網の拡大など大型公共投資を主導し、地方政府は不動産開発を拡大し、国有企業は設備投資を急増させた。その結果、中国の経済成長率は急回復し、日本でも「中国特需」の追い風が吹いた。

ただし、大規模すぎる投資の弊害も大きく、中国の各地に住民のほとんどいないニュータウンや需要をはるかに上回る生産能力の工場が出現した。それと表裏一体で、地方政府の傘下で資金調達の役目を果たす「融資平台」と呼ばれる組織の債務が膨張し、国有企業でも設備投資のために借金が急増した。これが、その後の中国の経済構造問題にもつながっていく。

過剰生産の果て

２０１０年代に世界に影響を広げた中国の構造問題の代表的な例は、「中国発の鉄冷え」と呼ばれた鉄鋼製品の輸出ラッシュだ。中国の鉄鋼生産能力が世界の生産能力の５割を超え、過剰に生産された鋼材が安値で輸出されて、世界中で鋼材価格を下落させ、製鉄会社の収益

24年３月、南寧市に建設中の住宅地（CFoto/アフロ）

悪化をもたらした。先進国は中国に設備の削減と減産を求め、中国の粗鋼生産量は15年、16年に一時的に年間８億トン強に減った。中国政府は16年から18年にかけて生産能力を大幅に減らしたと説明した。しかし、生産量はその後また増えた。

20年から粗鋼生産量が年間10億トンを超えていたところに、ゼロコロナ政策のあおりで鋼材の国内需要が鈍り、さらにバブル崩壊による建設用需要の激減が重なった。国内で余った鋼材は外の市場に向かう。23年の中国の鋼材輸出量は前年比36%増の９０２６万トンに達した一方、輸出額は同８%減の８４５億ドル。24年は１～７月に前年同期比22%増の６１２３万トンを輸出した一方、輸出額は同８%減の４７７億ドルにとどまった。中国製品が周辺のアジア諸国に流れ込み、供給過剰になったアジア諸国から日本に安値で鋼材が流入するといった玉突き現象も見られる。中国からの安値輸出は再び世界の懸念材料になっている。

過剰生産の問題は鉄だけではない。アルミの過剰生産は鉄とともに２０１０年代に問題になった経緯があるし、不動産不況でセメントなども過剰感が強まる。産油国との合弁事業も含めて中国国内の生産能力が大幅に増えた石油化学分野でも供給過剰が懸念される。

住宅バブル崩壊の後始末に追われ、製造業の過大な生産能力も再び大きな問題になっている。以前の中国なら景気対策として、不動産開発や製造業の設備投資を促す政策に力点を置くところだが、いまの状況では従来型の固定資産投資中心の政策に頼るわけにもいかない。

政策の手詰まり感が強くなってきた24年7月中旬に、本来なら前年秋に開催されるはずだった中国共産党の第20期中央委員会第3回全体会議（3中全会）が開かれた。内外の投資家やビジネス関係者は景気対策に注目したものの、結局、期待外れに終わった。

3中全会で採択した「さらなる改革の全面深化と中国式現代化の推進に関する決定」には、重点的な取り組みとして、高い水準の社会主義市場経済体制の構築、全面的なイノベーションを支援する体制の整備といった項目が並ぶ。「高いレベルの対外開放体制の整備」が重点項目の一つに入っているのは注目すべき点だが、後に続くのが「あらゆるプロセスでの人民民主の発展」や「特色ある社会主義法治体系の整備」、「国家安全体系の推進」、「共産党の指導レベルと長期にわたる政治執行能力の向上」などだから、全体としてはイデオロギー重視、党による統治の強化を確認したという印象が強い。

24年７月下旬に開いた政治局会議の議論では、「内需の潜在力の掘り起こし」「消費の活性化」「外資導入の回復を促す必要」などに力点が置かれるようになったが、具体的な対策は明確ではなかった。24年１～８月の中国の輸出と輸入は、ともに前年同期を上回ったものの、夏場から増加率は鈍った。９月に発表された８月の鉱工業生産や小売売上高の伸びは鈍かった。売れ残りの住宅を地方政府が買い取る政策を同年５月に打ち出した後も、ほとんどの都市で住宅価格の下落が続いていた。景気の動向を判断するうえで重要な製造業の景況感指数（ＰＭＩ）は、９月まで５カ月連続で節目となる50を下回った。

本格回復への道は険しい

中国の金融市場では９月下旬に入って、長期金利の指標となる10年物国債の利回りが過去最低の２・０％台まで低下し、30年物国債の利回りは２・１％台に下がって日本の30年物国債の利回りとほぼ並んだ。中国国内の金融機関や機関投資家が、株式や不動産への投資を見切って運用資金を国債に集中し、「国債バブル」が進んだためだが、長期金利の急激な低下は今後の経済成長の一段の減速を示唆するもの、という受け止め方もあった。

その局面でようやく中国政府と中央銀行が、広範な経済対策に動いた。9月24日に、短期の政策金利、銀行の預金準備率、最優遇貸出金利（プライムレート）の引き下げなど金融緩和の方針を発表。同時に、政府系ファンドによる上場投資信託（ETF）追加購入などの株価対策、低所得層への現金給付など家計の支援策、さらに主要な商業銀行6行の資本を増強する方針も示した。9月26日には党の政治局会議で、不動産価格の下落に歯止めをかけること、金融緩和を推進すること、「5％前後」の経済成長目標の達成に向けて必要な財政支出を確実に実施すること、を確認した。

バブル崩壊で財源確保が難しくなった地方政府への財政支援、中央主導の景気対策、大手銀行への公的資金注入などを並行して進めるためには、財源の確保が重要になる。中央政府はそのために、全人代で決まった超長期特別国債の発行額を大幅に増やす、という報道も流れた。一連の経済対策を好感して、対策公表直後にとりあえず中国の株価は急反発した。特別国債増発の動きを織り込んで国債の相場は下がり、利回りは上昇した。ただし、中国景気の本格回復を見込む楽観論が増えたとは言い難い。

建国75周年に当たる24年10月1日の国慶節（建国記念日）を前に、9月30日の祝賀レセプションで演説した習近平主席は、これまでの成果を強調したうえで、経済の見通しや対策には具体的には触れず、「前途は平たんではなく、必然的に困難や障害が発生する」「不確実で予測不可能なリスクと課題を克服しなければならない」と慎重な言い回しで語った。

中国政府は24年11月８日、10兆元規模の対策を明らかにした。しかし、地方政府が債券発行額を増やして、その資金を傘下の融資平台（２０４ページ参照）の債務返済に充てることが中心で、需要を生み出す効果は乏しい。

中国の国内需要の着実な回復が確認されない限り、中国経済の先行きへの懸念は消えない。そして、中国の低価格による輸出攻勢への他の国々の警戒感も続く。

中国の過剰生産と安値輸出については、24年４月に訪中したイエレン米財務長官が「中国政府の直接、間接の支援によって、中国の企業は国内需要や世界市場の許容量を上回る生産能力を持つようになった」という指摘を繰り返し、適切な対応を中国側に求めていた。イエレン長官が特に強い懸念を示したのは電気自動車だ。中国製のＥＶが安く大量に供給されたら、米国の企業や労働者にどのような影響が出るかを、長官は気にしていたという。

ＥＶをめぐる国際関係や、先端技術をめぐる米中の対立については、後ろの章でもう一度、取り上げたい。

途上国向け融資の不良債権化

ここまで中国の国内問題とその対外的影響を中心に話を進めてきたが、中国は急激に拡大した発展途上国向け融資の不良債権化という別の大きな問題にも直面している。

リーマン・ショックの後、ドルやユーロの金利が大幅に下がっていた2010年前後から、発展途上国は借金を増やしていった。この時期に途上国向けの融資を急激に増やしたのが中国だ。世界銀行のまとめによると、低所得の途上国の公的対外債務のうち中国に対する債務は、2010年代にパリクラブ（主要債権国会議）のメンバーである先進国への債務の合計を大きく上回る状態になった（図表5-7）。

当時、途上国での中国の動きについて、こういう話をよく聞いた。「中国の政府や銀行から人がやってきて、まるでカネを置いていくように何億ドルもの融資が決まった」「米国や欧州諸国が人権問題の説教をしている間に、中国が港や道路をつくる」。そのくらい中国の進出は急だった。中国が政治判断で資金を供与し、その資金をもとにインフラ建設が始まり、工事は中国企業が請け負うというパターンが、あっという間に世界に広がった。

国際的な援助資金の流れを分析している米国のウィリアム・アンド・メアリー大学の「エ

図表5-7　低所得途上国の2国間債務の内訳

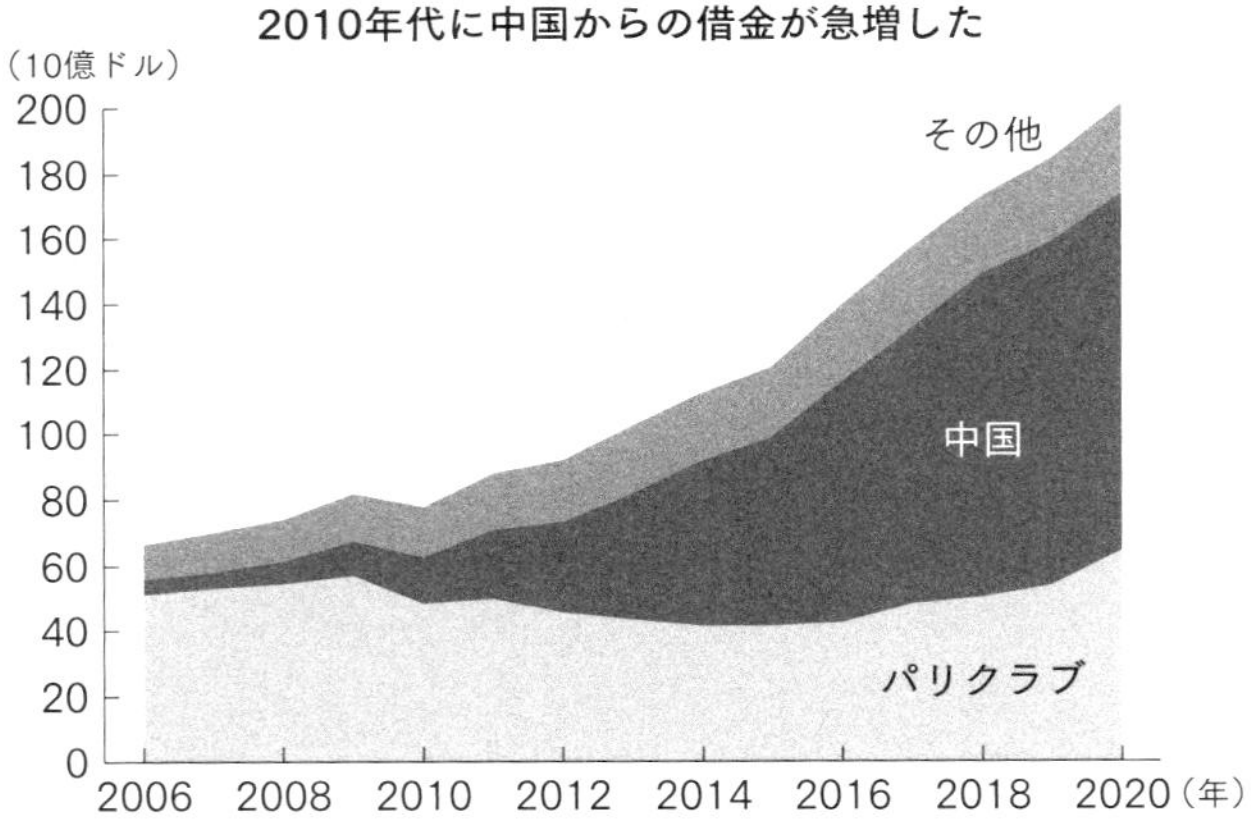

出典：世界銀行の国際債務統計データベースによる

イドデータ」(AidData) という研究組織は、中国が2000年から21年の間に165の低所得国・中所得国に対し有償無償合わせて1兆3400億ドルの資金を提供し、2万985件のプロジェクトを獲得したとの推計を示している。

審査や交渉に時間がかかる国際機関や先進国と比べて、中国の融資は実行までの時間が短い。途上国側は「相手が中国なら、資金を借りやすい」と考えがちだが、中国の融資の条件は必ずしも寛容ではない。日本の途上国向け借款(2国間の長期の資金貸し付け)と比べて、中国の融資は一般に金利が高く、返済までの期間は短い。米国のボストン大学グロー

中国に運営権が移ったスリランカのハンバントタ港
（新華社 / アフロ）

バル開発政策センターのリポートは、「中国は一部の国では将来の天然資源の収入という形で融資の担保を求め、プロジェクトへの融資の場合は高い金利を課す」と指摘している。

中国が経済協力の一環として建設したインフラ事業で、相手国側による運営が行き詰まり、債務の返済が滞る例が世界のあちこちで表面化した。よく知られているのが、インド洋の島国スリランカの港湾整備だ。同国南部のハンバントタ地区を開発する際に、中国から融資を受けて新しい港を建設したが、借金が重荷になったスリランカは17年7月に港の管理運営権を事実上、中国の国有企業に譲渡する、99年間のリース契約を結んだ。

ハンバントタ港は、南シナ海からマラッカ海峡を通りインド洋を紅海に至るアジア・欧州航路の要衝に位置する。その港の運営を中国が握ったことは、中国からの「借金漬け」の状態になった途上国が、戦略的に重要なインフラを中国に乗っ取られる話として語られ、「債務の罠」(debt trap) というキーワードが定着した。

「債務の罠」ということばは、「中国からの借金は慎重に」という途上国への忠告でもあるが、多くの融資が焦げ付いて利子の支払いや元本の返済が滞っているのは、貸し手の中国にとっても深刻な事態である。国際協力機構（ＪＩＣＡ）出身の北野尚宏・早稲田大学教授は、途上国が返済できないほど貸し込んでしまったのは中国側の「債権の罠」というべき問題であり、経験不足のまま途上国で実績をあげようとして中国は多大な損失を負う結果になったと指摘している。（朝日新聞電子版24年４月７日）

トップが「一帯一路」の旗を掲げて海外進出の大号令をかけた。中国企業はインフラ建設などの実績づくりに奔走し、国家開発銀行や輸出入銀行など中国の政府系金融機関は実績づくりに協力して途上国向け融資を拡大した。中国は短期間で途上国ビジネスの覇者になったように見えたが、後から振り返ると、世界のいたるところで不良債権が積み上がっていた。

結果的に近年の中国は、以前のように気前よく途上国に資金を供給できなくなった。中国が主導して設立し、16年から活動を始めたアジアインフラ投資銀行（ＡＩＩＢ）も、加盟国・地域の数が23年時点で１０９にまで増えた一方で投融資の拡大には慎重だし、中国の金融機関も途上国向けの案件では以前より用心深くなってきた。

止まらない「追い貸し」

エイドデータによると、中国の途上国向け融資の承認額が最も多かった年は２０１６年。その後は融資する金額を大幅に減らし、リスクが高い国に適用する金利を大幅に上げた。近年の中国の途上国向け融資では、ドル建ての代わりに人民元建てを増やしているという。

人民元建て融資については、世界銀行などのエコノミストも参加してエイドデータが23年3月に発表したワーキングペーパー「国際的な最後の貸し手としての中国」(China as an International Lender of Last Resort) が、興味深い指摘をしている。その指摘によると、中国の中央銀行である中国人民銀行は、他の国の中央銀行との間で結んだ通貨スワップ協定を利用して、人民元建てで資金を融通している。その資金は緊急時の資金の流動性確保という通貨スワップ本来の目的以外に、途上国が外貨準備をかさ上げして信用格付けの引き下げを回避することや、国の財政収入の補てんにもつかわれている可能性がある。

本来なら国際通貨基金（ＩＭＦ）の役割である短期の金融支援を、中国が代わりに行うことで、借り手の途上国は債務不履行を回避することもできる。借り手が債務不履行に陥らなければ、融資をしていた側もとりあえず貸し倒れの損失を表に出さなくてすむ。中国の対外融資のうち債務返済が困難な国に対する融資の比率は、２０１０年には5％未満だったが、22年には60％に達したとの推計を、エイドデータの文書は示している。

これは、金利の支払いや元本の返済が難しくなっている借り手への追加融資、いわゆる「追い貸し」によって、借り手の破綻を先送りするのと似た図式だ。中国による途上国救済融資の目的についてエイドデータの文書の執筆者は、不良債権を抱えた中国の銀行を救済するのが主な目的と見ている。こうした中国の動きについて、「中国では損失を確定すると、担当者が組織内でネガティブな評価を受ける。問題の先送りは、官僚的な事なかれ主義の表れだ」と指摘する国際金融関係者もいる。

かつては、日本、米国、フランスなどの先進国が途上国への2国間融資の主要な貸し手であり、途上国の債務問題には先進国で構成する「パリクラブ」が対応した。ところが、中国が先進国を上回る貸し手になった結果、債務問題をめぐる国際関係の構図が変わった。新規の融資を減らしたとはいっても、多くの途上国の2国間の債務の残高を見ると、最大の債権国は中国だ。そして途上国が国際資本市場でドル建て国債などを発行して資金を調達する例が増えたので、外国の民間の金融機関や投資ファンドなども大口の債権者になり得る。

ザンビアとは「リスケ」で手打ち

こういう状況の中で、新たな債務危機が起きた。２０２０年に新型コロナウイルスの感染が世界に広がり、各国の景気が悪化し財政赤字が拡大した。資源価格は下落し、観光収入も激減した。途上国の外貨資金繰りが急速に厳しくなり、債務危機に陥る途上国が相次いだ。

貸し手の側の対応をパリクラブだけで決めるのは現実的ではなくなっており、中国も一緒に交渉に参加するのが望ましい。だが、中国の途上国向け融資では公表されていない取り決めも多く、実態がわかりにくい。パリクラブと中国の情報の共有は不十分で、中国が他の債権国や国際機関と相談せず、単独で債務国側と交渉する例も多かった。こうした状況が続くと、途上国の債務問題を国際的な協力によって解決する際の妨げになる。

そこで、主な先進国と中国がともにメンバーになっているG20で協議を重ね、20年4月に債務支払い猶予イニシアチブ（DSSI）という枠組みを立ち上げて、低所得国の公的な債務を一時的に猶予する措置を始めた。DSSIによる緊急措置が21年末に終わった後、パリクラブとG20が協調して途上国の債務問題に対応する「DSSI後の債務措置にかかわる共通枠組み」が動き始めた。

単に「共通枠組み」(Common Framework) という略称で呼ばれることが多いこの枠組みでは、パリクラブのメンバーと、それ以外の債権国(多くの場合は中国)、民間の債権者は、バラバラに債務国側と交渉をするのを避け、債務の再編ではみなが応分の負担をするのが原則。この共通枠組みを用いて対外債務を再編する話が最初にまとまったのが、ザンビアだった。

ザンビアはアフリカの内陸に位置する銅の産出国で、ニッケルやコバルト、マンガン、リチウムなどの鉱物資源もある。1970年代にインド洋に面する隣国タンザニアとつながる鉄道を中国が建設して以来、中国との協力関係は長い。近年も中国はザンビアで、国際空港の新ターミナル、高速道路、水力発電所などを建設している。

ルング前大統領の時代に借金が膨らんだザンビアは、2020年11月にドル建ての国債の利子の支払いができなくなり、債務不履行(デフォルト)状態に陥った。22年8月にIMFとの交渉で合意した後、ザンビア政府は2国間の債務について23年6月に「G20の共通枠組みの下で公的な債権者と包括的な合意に達した」と発表した。対象となった公的な債権者への債務の残高は63億ドル、そのうち中国に対する債務は42億ドルとされた。

その時点では、30億ドル超のザンビア国債を保有する民間の大口債権者との話し合いはまとまっておらず、23年11月には債権国グループと民間債権者の間で損失の負担の割合をめぐる対立も表面化した。ドル建て国債の部分の合意ができたのは、24年になってからだ。

債務問題の交渉で中国は、自国の債権の減額に強く抵抗する。ザンビアとの債務再編合意の柱も、およそ20年の返済期限繰り延べ、いわゆる「リスケ」だった。交渉の過程では他の債権国から「中国は自国の融資が回収不能と判断して損失を計上するのを渋る」「中国が優先するのは全体の合意形成ではなく自国の債権の保全だ」という批判も出た。

習近平国家主席は23年9月、インドで開かれたG20の首脳会議を欠席する一方、ほぼ同じ時期に2人の外国首脳を北京に迎えた。1人はザンビアのヒチレマ大統領、もう1人は南米の産油国ベネズエラのマドゥーロ大統領だった。ベネズエラも中国が資源の確保を狙って過去に多額の融資をした後、中国への債務の履行が困難になった国である。

21年8月に政権の座に就いたザンビアのヒチレマ大統領にとって、国の借金の膨張と債務不履行は自分を反逆罪で投獄したこともある前政権の責任という思いが強いだろう。だが、とりあえず返済期限の繰り延べで中国と手打ちをし、中国企業による情報通信基盤の整備や医薬品の現地生産などの話を具体化することが、自らの政権にとっても重要である。北京での首脳会談で習近平主席は、両国の関係を「包括的戦略的パートナーシップ」に格上げすると表明した。この呼び方のパートナーシップは、中国の対外関係で上位に位置付けられる。

ちなみに中国は過去にEUとの関係をこう規定し、21年には東南アジア諸国連合（ASEAN）との関係も「包括的戦略的パートナーシップ」に格上げした。中国としては「あなたの国を特に重視している」と強調して協力関係を強固にしたいのだろう。電気自動車や自動車用電池でグローバルな産業覇権を狙う中国にとって、ザンビアで産出する鉱物資源はこれから戦略的な重要性が増す。そういう判断が協力関係の格上げに示されている。

パートナーシップが格上げされたベネズエラ

一方、ベネズエラとの関係は、かなりややこしい。中国は石油の権益確保のため2000年代のチャベス政権時代にベネズエラに急接近し、07年に石油と引き換えに融資する取り決めを結んだ。13年にマドゥーロ氏が政権を引き継いだ後も含め、中国はベネズエラに総額500億ドル以上を融資し、利子の未払い分を含め620億ドルの債権があると見られる。

ベネズエラは「借金のかた」として中国に優先的に原油を引き渡す必要があったが、そのために自国に入る原油輸出収入が減り、原油生産への追加投資が鈍った。その結果、原油の生産量が減り、財政状態がさらに悪化する負の連鎖に陥った。14～16年の原油価格の大幅下落や17年以降の米国による経済制裁の打撃も加わって、ベネズエラ経済は行き詰まった。一方の中国は、米国の制裁措置との兼ね合いもあり、ベネズエラから原油を直接、大量に輸入することが難しくなった。

融資のほかに中国はベネズエラに対し、国有石油会社の中国石油天然ガス集団（CNPC）などによる巨額の投資もしており、投資と融資を合わせると1000億ドルを超える。日本円に換算して十数兆円もの投融資をしながら、中国は当初期待したような大きな見返りを得られていない。コストを度外視した資源あさりの投資や、ビジネスとしてのリスク評価が甘い政治的な融資。ベネズエラとの関係は、中国が陥りがちな「債権の罠」の典型に見える。

23年9月の北京でのベネズエラとの首脳会談で中国メディアがニュースとして報じたのは、習主席が両国関係を「全天候型・戦略的パートナーシップ」に格上げすると表明したことだ。中国メディアの過去の用例から考えると、「全天候型」というのは「環境が変化しても、常に友人であり続ける」という意味らしい。同じ「全天候型・戦略的パートナーシップ」という呼び方を、中国はベラルーシやハンガリーに対して用いている。

ベラルーシはロシアと同盟関係にある国で、ルカシェンコ政権による20年大統領選挙での不正疑惑や言論弾圧、ロシアのウクライナ侵攻への協力などを理由に、ＥＵやＧ７の制裁の対象になっている。ハンガリーはオルバン首相が親ロシア的な言動を繰り返す一方、中国やトランプ前米大統領に接近し、ＥＵの中で浮いている国だ。中国はそういう国々と同じグループに、中南米諸国の中でも反米色が強く、ロシア、イラン、キューバなどと友好協力関係にあるベネズエラを加えた。

24年７月のベネズエラ大統領選挙では、出口調査や個別の投票所の開票結果の数字から野党統一候補のゴンサレス氏の当選が確実と見られた。ところが、選挙管理委員会はマドゥーロ大統領が51・２％の得票率で勝利したと発表した。この選管発表は内外から非難され、米政府はマドゥーロ大統領の退陣を求めたが、大統領はこれを拒否。結局、24年９月にゴンサレス氏がスペインに亡命する展開になった。中国は「選挙は公正だった」という立場を取り、マドゥーロ政権への支援継続の姿勢を示した。ただし、中国も米国との対立が深まる事態は避けたいところだろう。中国にとってベネズエラとの「全天候型の戦略的パートナーシップ」は、対米関係との見合いで微妙なバランス判断が問われる関係である。

23年10月、「一帯一路」のフォーラムに参加した各国首脳
（ロイター／アフロ）

「一帯一路」会議に首脳の参加減る

中国に重い債務を負っているザンビアやベネズエラとの個別の首脳会談を終えた後、中国は23年10月17〜18日に北京で第3回の「一帯一路」国際協力サミットフォーラムを開いた。習近平主席が13年に陸路と海路でアジアと欧州を結ぶ大経済圏「一帯一路」をつくると提唱した後、10年間で中国は152の国、32の国際機関と協力文書を交わしたという。

だが23年の第3回首脳級フォーラムには、プーチン・ロシア大統領、オルバン・ハンガリー首相、ジョコ・インドネシア大統領らが出席したものの、参加した外国首脳の数は合計23人にとどまり、17年の第1回の29人、19年の第2回の37人を下回った。17年、19年と違って、23年のフォーラムでは共同声明の採択はなく、外国の首脳たちが集まって話し合う円卓会議の開催も見送りになった。ロシアとは距離を置きたい、主賓扱いのプーチン大統領との同席は避けたい、という首脳が多かったようだ。

19年に首脳が参加し、23年に首脳が欠席した国は、シンガポール、フィリピン、マレーシア、ネパール、スイス、ギリシャ、チェコ、ポルトガル、オーストリア、イタリアなどだ。Ｇ７で唯一、一帯一路に参加していたイタリアは、フォーラムの前に離脱する考えを中国に伝えていた。23年12月に離脱を正式に中国政府に伝えた際には、「一帯一路はイタリアにとって望ましい成果をあげていない。参加は優先事項ではなくなった」と説明している。

ロシアのウクライナ侵攻が続き、戦争を続けるロシアの経済、産業を中国が支えている。北大西洋条約機構（ＮＡＴＯ）のメンバーである欧州諸国は中国のロシア支援に不満を強め、通商問題でも対中姿勢は厳しくなった。23年６月のＥＵ首脳会議は、中国とはパートナーであると同時にライバルであることを再確認した。そのうえで、経済関係を分断する「デカップリング」ではなく、重要分野で中国に依存するリスクを減らす「デリスキング」を進めることで合意した。一帯一路のフォーラムには、こうした国際環境の変化が影を落としていた。

フォーラムで演説したプーチン・ロシア大統領は、自身が提唱するユーラシア経済連合と一帯一路は補完的な関係にあるとし、ロシア経由の物流拡大を呼びかけた。だが、参加者の多くは、ロシアのウクライナ侵攻がグローバルな物流の阻害要因になっていることを思い起こしただろう。

習主席はフォーラムの基調演説で、「世界が良くなれば中国も良くなり、中国が良くなれば世界も一層良くなる」と、自らが唱える「人類運命共同体」の理屈を繰り返した。そして、「地政学的な争い、ブロック政治、一方的な制裁、サプライチェーンの分断や混乱」に中国は反対すると強調し、一帯一路の事業では「規模は小さくても魅力のある民生分野のプロジェクトを推進する」と語った。24年3月の全人代では、李強首相が一帯一路について同様の説明をした。「規模から質への転換」は、新たな融資や投資について中国の資金面の制約が増していることと表裏一体である。

パキスタンの事業で問題に直面

ちなみに、世界銀行がまとめた22年時点での中国への債務の残高を見ると、トップはパキスタンになっている。パキスタンは、第2章で説明したように、22年に大規模な水害に見舞われて経済状況が悪化、その後も厳しい資金繰りが続いてIMFから追加の金融支援を受けている。中国の内陸にある新疆《しんきょう》ウイグル自治区のカシュガルから、パキスタンの南西部でアラビア海に面するグワダルまで、輸送インフラを整備して結び付ける「中国・パキスタン経済回廊」は、一帯一路を代表するプロジェクトだが、地元住民の反対運動や過激派のテロも起き、当初の計画通りには進んでいない。

中国が海運のハブにしようとし、将来の軍事利用も視野に入れていると見られるグワダル港は、中国が建設資金を出して16年に正式に開港した。中国企業が港を運営しているが、治安の懸念も続く。24年8月にはこの港から45キロの地点に中国が約2億5000万ドルを投じて建設した国際空港の開港式が、治安上の理由で延期された。この空港はエアバスA380のような大型旅客機も就航可能だが、当面は旅客の需要がほとんどないといわれている。

南アジアでパキスタンに次いで対中債務残高が多いのはスリランカである。スリランカは先に述べたように17年に港湾の利権を中国に譲渡した後、22年4月に公的対外債務の支払いを一時停止すると発表、デフォルト状態になった。その後、スリランカは23年3月にIMFと4年間で約30億ドルの金融支援を受けることで合意。2国間の債務105億ドル強についてては24年6月に、日本、フランス、インドが共同議長を務めた債権国会議および中国輸出入銀行との間で最終合意に達した。債務の返済時期を28年より後、43年までの期間に繰り延べるのが債務再編合意の柱だ。続いて24年7月には、125億ドル強の国債の債務を28％減額することで外国の大口債券保有者と合意した。

ただし、ＩＭＦとの合意の前提になっていた増税と緊縮財政政策には国民の強い不満がある。24年９月の大統領選では、左翼政党の指導者であるディサナヤカ氏が当選した。同氏はＩＭＦと交渉すると語っており、前政権が合意した債務再編への影響も注目される。

中国は資源の確保や政治的な影響力の拡大を狙って多数の途上国に資金を提供してきたが、金利の支払いや元本の返済が難しくなっている国は多い。中国の外交を支える資産と考えられた途上国向け融資のかなりの部分が、財務的な観点から見ると不良債権になり、すでにデフォルトに陥った国以外にも債務の不履行が懸念される国がある。23年10月の一帯一路のフォーラムは、そういう実情への国際的な関心が高まるきっかけにもなった。

アフリカ支援の中身が変わる

中国の進出が目立つアフリカでも、近年は中国マネーの流入が細っている（**図表5‐8**）。ボストン大学グローバル開発政策センターの調査によると、中国の41の金融機関は２０００年から23年の間にアフリカにある49の国と７つの機関に対し、総額１８２２億ドル規模の融資のコミットメント（資金提供の約束）をしたが、ピークの16年に２８５億ドルに達した融

図表5-8　中国のアフリカ向け融資

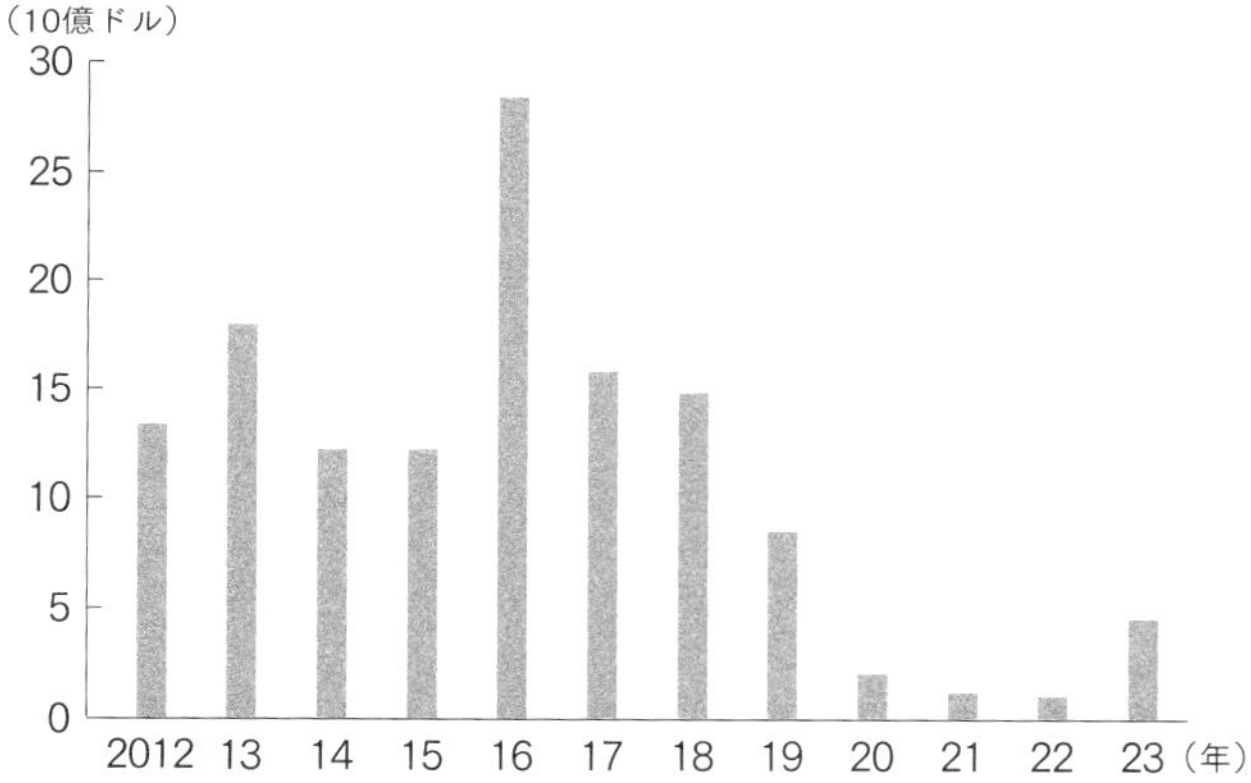

出典：ボストン大学グローバル開発政策センターによる

資のコミットメント額は21年に12億ドルに減少、22年には10億ドルを割り込んで9億9440万ドルにとどまった。23年は約46億ドルまで回復したと同センターは推計している。ただし、最近の中国の途上国向け融資では、「援助」に相当する無利子や低利の融資の割合が減り、商業ベースの融資が増えていると見られる。

24年9月4日から6日まで、北京で「中国アフリカ協力フォーラム」の首脳会合が6年ぶりに対面式の会議として開かれた。この会議で演説した習近平主席は、中国とアフリカの関係は最良の状態にあると自賛し、アフリカ諸国との関係を「新しい時代に未来を共有する全天候型の中国・アフリカ共同体」に引き上げると説明した。先ほど出てきた「全天候型」（環境が変わっても常に友人の関係を続ける）を、アフリカに適用したわけだ。そのうえで習主席は、今後3年間で3600億元（約500億ドル）規模の資金をアフリカ支援のために拠出すると表明した。日本円換算で7兆円規模の資金拠出額は大きく見えるが、過去のフォーラムで約束した「3年間で600億ドル規模」と比べると金額は減っている。しかも、新たに拠出する資金は、2国間の公的な融資では必ずしもないと見られている。

新しいやり方の一例として取り沙汰されているのは、相手の国にインフラ建設や資源開発のための特別目的会社を設立させ、そこに中国企業が出資したり、中国の銀行が商業ベースで融資したりする方式だ。こういう方式なら、プロジェクトがうまくいかなくても、中国政府自体は責任と損失を免れることができる。

「規模より質」に力点を置くという新たな方針に沿って、中国は高速道路、橋、港、巨大な建物など、いわゆる「ハコモノ」から、デジタル技術の活用促進やエネルギー転換に関連した分野に重点を移そうとしているようにも見える。ハコモノの場合には、建設用鋼材やセメントなどの需要確保という意味もあった。これがデジタル分野なら、米国などが規制を強めているファーウェイなど中国のＩＴ企業の製品や技術の需要に結び付くし、エネルギー転換なら中国が過剰なほど製造しているソーラーパネルや電気自動車の市場確保にもつながる。

アフリカ側から見ると、低コストで情報通信基盤や再生可能エネルギーのインフラ整備などが進むのなら、中国の経済協力、技術協力にはメリットがある。資金をばらまくような援助が減り、融資の条件が厳しくなっても、人権問題や国内の紛争などに口を挟まずにカネを貸してくれる中国は、民主的とは言い難い政権にとって便利な存在だろう。アフリカの多くの国にとって中国は最大の輸出先であり、中国との協力関係を抜きにして経済運営を考えるのは難しい。ただし、そういう状況の一方で、債務の削減に中国が応じないこともあり、アフリカ諸国の中国に対する不満も次第に強まっている。

２０００年代、２０１０年代の中国に対する最大の不満は、中国企業が多数の中国人労働者を伴って進出し、相手国が期待する現地の人の雇用機会をあまり創り出さないことだった。近年、強まってきたのは、貿易収支の不均衡への不満である。

２０１０年くらいまで中国とアフリカ諸国全体の貿易収支はほぼバランスしていたのに、今やアフリカ側の大幅な赤字になっている（図表５－９）。中国の工業製品輸出が増える一方、アフリカの輸出は資源価格に左右され、15～16年のように原油価格などが下がれば輸出額が減る。そういう状況に、アフリカ側が不満を示す。

図表5-9　中国のアフリカとの貿易額

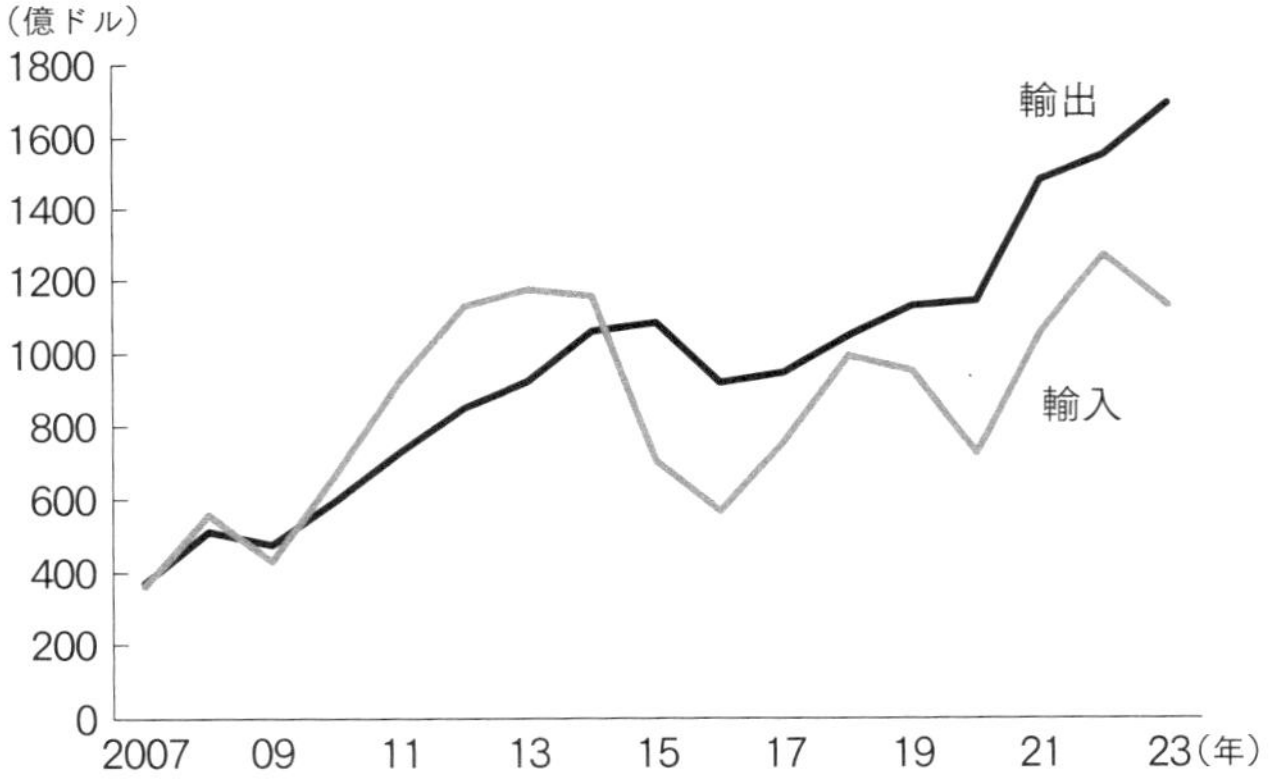

出典：中国税関の統計による

「南南協力」から「南北問題」へ

中国のアフリカとの協力関係は、もともと途上国同士の「南南協力」として始まった。中国はいまでも「途上国の一員」と言い続けているが、アフリカ側が原油、鉱物、農産物といった一次産品の輸出を続ける一方、中国側の輸出品目が雑貨や衣類などの軽工業製品から、家電製品、スマホ、パソコン、自動車など、より付加価値の高い製品中心に変わった結果、かつての先進国と途上国の「南北問題」に似た不均衡の図式が定着してきた。

双方は21年の閣僚会議で貿易不均衡是正の行動計画を採択した。その後、中国は輸入関税ゼロの対象国を増やし、アフリカからの輸入額を増やしたと強調する。だが、これについてはウクライナ危機に伴う22年の原油価格上昇などの影響が大きいという見方もある。

ＢＲＩＣＳのメンバーである南アフリカのラマポーザ大統領も、24年９月の習近平主席との会談では「貿易不均衡の解消と、そのための中国によるアフリカの製造業への投資」を強く要求した。

アフリカの中で、南アフリカのライバルともいえる地域大国のナイジェリアは、南アフリカのようにＢＲＩＣＳのメンバーになるのではなく、Ｇ20のメンバーになって国際的な発言力を高める方向をめざしている。そのナイジェリアを中国はＢＲＩＣＳに引き込もうとする。

前政権の時代に中国が新しい鉄道を建設したケニアでは、鉄道による貨物輸送事業の不振などで混乱が生じていた。そういうタイミングで、22年９月に発足したルト政権に米国がアプローチを強め、24年５月にバイデン米大統領がルト大統領を国賓としてホワイトハウスに招いた。その際にバイデン大統領は、サハラ以南のアフリカ諸国としては初めて、ケニアをＮＡＴＯ以外の主要同盟国に指定する方針を伝えた。

アフリカの国にとっては、中国の影響力に対抗しようとして米国が接近してくるのも、経済運営の選択肢を広げるチャンスである。ルト・ケニア大統領は24年２月の日本経済新聞の

24年5月、ケニアのルト大統領を厚遇したバイデン米大統領
（AP/アフロ）

インタビューで、ひとつの貸し手（中国）に依存しすぎるのは好ましくないので、開発資金の調達を多様化したいという考えを語っていた。貿易や資金提供などの面で中国の存在はきわめて大きいが、アフリカ諸国が中国一辺倒では必ずしもないことにも注目する必要がある。

相対的に見つめるASEAN諸国

アフリカとの協力の枠組みとしては、中国主催のフォーラムの直前の24年9月初めに、インドネシアも6年ぶりに「インドネシア・アフリカ・フォーラム（IAF）」を開催していた。北京でのフォーラムと比べると、アフリカ側の首脳級の参加者は少ない。とはいえ、この会議に合わせてエネルギー関連を中心に航空や防衛などの産業分野で合計32件の協力の覚書が締結され、連携推進の機運は確認できた。

インドネシアはG20のメンバーであり、東南アジアで初めて「先進国クラブ」とも呼ばれる経済協力開発機構（OECD）への加盟をめざしている。中国やインドだけでなく、東南アジアの地域大国インドネシアのように、グローバルサウスの中で独自にリーダーシップ発揮の実績を積み上げようとする動きも、多重化する世界の特徴といえるだろう。

中国と東南アジア諸国連合（ASEAN）の関係について最近、話題になったのは、シンガポールのシンクタンク、ISEASユソフ・イスハーク研究所（ISEAS – Yusof Ishak Institute 日本のメディアではイシャックというカタカナ表記が多いが、イスハークが正しい）が24年4月2日に発表したASEAN域内の世論調査の、「もし米中のどちらかとの同盟を迫られたら、どちらをパートナーに選ぶか」という趣旨の質問に対して、50・5％が中国、49・5％が米国と答え、中国を選択する比率が初めて50％を超えたことだ（図表5-10）。前年の調査では、中国38・9％、米国61・1％だった。

日本のメディアは24年の調査結果を、東南アジア「米国より中国を選択」、といった見出しで伝えている。だが、二者択一の問いの答えで米中が逆転した大きな理由は、インドネシアとマレーシアというイスラム教徒が多数を占める国で、前年と比べておよそ20ポイントも

**図表5-10　同盟を迫られたら、米中どちらを
パートナーに選ぶか（回答の比率、%）**

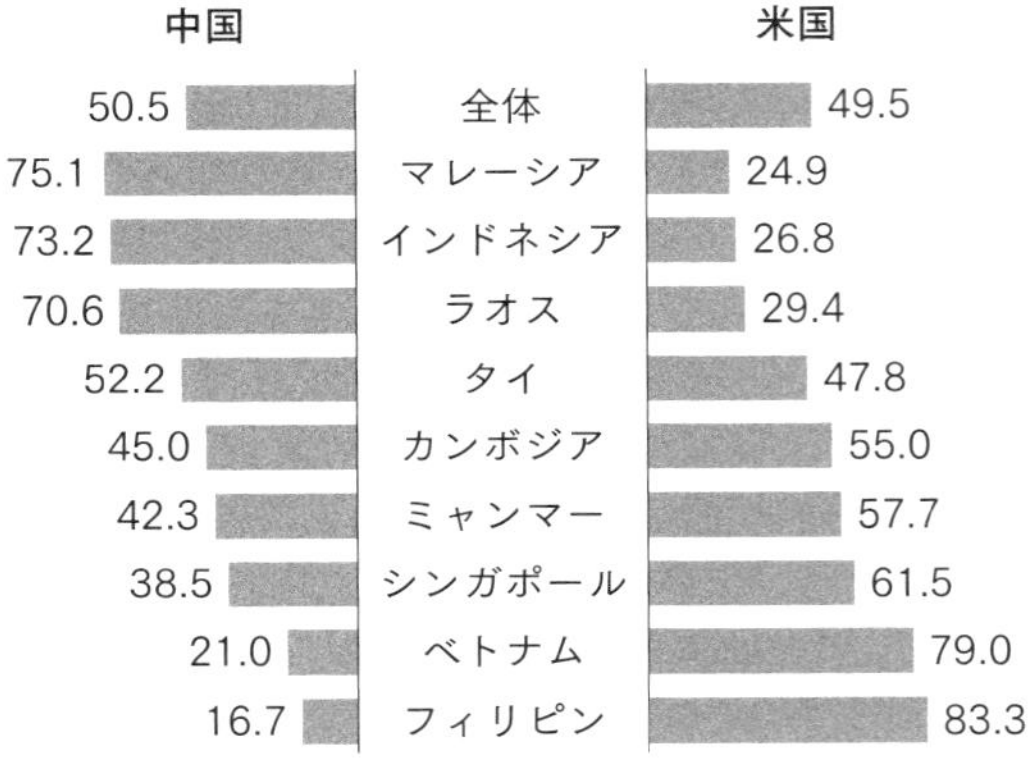

出典：ユソフ・イスハーク研究所の2024年調査

米国という答えが減り、中国という答えが増えたことだ。多くの人が「イスラエルの攻撃は行きすぎ」と答えたように、イスラム教徒の同胞であるガザ地区の住民などが犠牲になり続けた中東危機の衝撃と、イスラエル支持を基本とする米国への反発が、24年の調査結果に大きく影響している。

それでも、フィリピンで83・3%、ベトナムで79%、シンガポールで61・5%など、調査対象の国の半分以上で米国を選ぶという答えが50%を超えているのだから、ASEAN全体が中国寄りになったというような評価はできないだろう。

この章のはじめのほうで、中国が米国

を抜いて世界一の超大国になる可能性を疑問視する記事が、シンガポールの新聞にも載るようになったとお伝えした。それとは別に、中国の対外融資の不良債権化を踏まえて、中国のバラマキ外交は持続可能なのかと本質的な問題点を突くような記事も、米欧や日本ではなくシンガポールの新聞に24年に載っていた。

中国が米国に代わって覇権国になるというシナリオが揺らぎ始め、中国を相対的に見ようとする動きがアジアでも徐々に広がり始めているという印象を受ける。

中国の夢の目標は変更できず

だが、経済面で中国の台頭の勢いが鈍り、足元で頭打ちの傾向が広がっている状況は、中国の脅威が弱まるという意味にはならない。中国は勢いがあった時期に、自国の将来についての大きな夢を政治目標に設定していたからだ。

24年7月の３中全会でも再確認したように、中国は「今世紀半ばまでに社会主義現代化強国を建設する」長期目標を掲げている。これは、共産党による統治を維持しながら、中華人民共和国建国１００周年の節目である２０４９年には米国を追い抜いて世界をリードする超大国になっている、という意味だと解釈されている。その長期目標に向けて、「２０３５年までに1人当たり所得を中レベルの先進国の水準に到達させる」という中間目標もある。足元で1万3000ドル程度の1人当たり名目GDPを、35年に2万5000ドルあるいは3万ドルに引き上げるには、かなり高めの経済成長を続ける必要がある。人口減少に伴って潜在成長率が下がり、不動産バブル崩壊の打撃で消費が低迷し、デフレ傾向が広がっている中で、成長率を再び高めることは可能なのか。

中期、長期の経済目標と現実の経済状況の隔たりが大きくなると、そのギャップを政治的に埋めるために、中国の政権が過度なナショナリズムに頼るようになるのではないか、という懸念が増す。経済成長の減速感が強まったこの数年も、中国の軍事費の増加は続き、南シナ海の環礁をめぐる中国のフィリピンに対する高圧的な姿勢をはじめ、周辺のアジア諸国・地域への軍事的、政治的な威圧は、以前よりむしろ強まっている。周辺国の政権交代の時期などに、中国が揺さぶりをかけてくるパターンも目立つようになった。

「受け身ではない中立」をとるベトナム

中国の南の隣国ベトナムには、すでに紹介したように23年9月にバイデン米大統領が初めて訪問した。その際に両国は協力関係を「包括的戦略的パートナーシップ」に格上げして、ベトナムと中国の関係と同列にした。すると、中国の習近平国家主席が23年12月にベトナムを訪問し、両国の協力関係を拡大する共同声明を発表した。その際にベトナム側は、中国側が固執した両国の関係は「運命共同体」という表現を嫌い、ベトナム語と英語の文書では「未来を共有する共同体」という表現にして発表した。しかし、中国側が発表した中国語の文書は「運命共同体」となっていたため、中国の圧力にベトナムが屈したという印象も広がった。

当時のベトナムは、最高実力者だったグエン・フー・チョン共産党書記長（24年7月に死去）が病気がちであり、国家主席を含め政府高官が相次いで失脚するような権力闘争の渦中にあった。中国は、そういう混乱に乗じて自らの主張を押し通そうとしたようにも見える。24年6月にはプーチン・ロシア大統領がベトナムを訪問し、貿易やエネルギーなどの分野での協力拡大を表明した。しかし、ベトナムは中国、ロシアの側に付いたわけではない。

24年8月にベトナムの最高指導者の地位に就いたトー・ラム共産党書記長は、真っ先に北京を訪れて習近平主席と会談した。習氏が「中国は周辺の外交でベトナムを優先している」と語ると、ラム氏は「中国との関係はベトナムの外交政策の最優先事項」と応じた。次いで9月にラム氏は当時兼務していた国家主席として国連総会に出席した際にバイデン米大統領

24年8月19日、トー・ラム書記長は北京で習近平主席と会談
（ロイター/アフロ）

24年9月25日、トー・ラム書記長はバイデン大統領と会談
（AP/アフロ）

と会談し、両国の経済協力の一層の拡大やサプライチェーンの強化などについて話し合った。

ベトナムの外交は「竹の外交」（bamboo diplomacy）と呼ばれている。米国との首脳会談でベトナム側は、独立、自立、自主、多様化、多国間という外交の基本哲学を説明したという。米国と中国・ロシアの対立に巻き込まれるのを避けるための受け身の中立ではない。個々の大国との関係では自国が受ける圧力をうまくコントロールしつつ、対立する大国のそれぞれから自国にとっての利益を引き出すチャンスをつかもうとしている。

中国に対する直接投資の落ち込みとは対照的にベトナムへの直接投資は増加を続け、24年1～6月の投資額（認可ベース）は前年同期比43％増の134億ドルに達した。米国、韓国、日本からも、中国、香港からも、新たな投資が入って来る。これも、大国間の対立が激しい時代のグローバルサウスの国のサバイバル戦略の効果だろう。

次の章では、国が2つに割れたような状況でまた大統領選挙が訪れた米国、バブル崩壊で成長にブレーキがかかった後の中国、武力衝突の終わりがなかなか見えない中東やウクライナの危機などが示す今日の世界の問題を踏まえて、これからの国際関係、今後の国際秩序の変化を探ってみたい。

第6章　これからの国際秩序

「未来のための協定」をめぐる争い

２０２４年９月の国連総会は、世界の多くの人が国際情勢に強い危機感を抱く中で開かれた。ウクライナ危機の出口は見えず、中東の危機はなお続き、世界の気候は「観測史上最も暑い年」だった前年の記録を更新しつつあった。機能不全に陥ったマルチラテラル（多国間）の枠組みをどう立て直し、今日の問題と将来の課題にどう対応するか。国連のグテーレス事務総長は自らガバナンスの劣化と危機対応能力の欠如を認め、早急な改革が必要と訴えた。

総会に合わせて国連は、地球規模の課題やこれからの国連改革について首脳クラスで話し合う「未来サミット」を、９月22〜23日に開いた。その開幕にあたってグテーレス事務局長は、世界の情勢と国際機関の現状について次のように述べた。

① われわれはウクライナ、ガザ、スーダンなど対応が追い付かない紛争に直面しており、地政学的な分裂や新しい兵器の開発などによって既存の安全保障システムが脅かされている

② 深刻化する気候変動、大きな不平等、途上国の重い債務は、持続可能な開発のブレーキになっている

③ＡＩ（人工知能）を含む新しいテクノロジーが、ガバナンスやガードレールがないまま道徳と法の空白の中で開発されつつある
④互いに影響し合い複雑化する脅威に対して、世界規模で効果的な対応ができていない
⑤要するに、われわれのマルチラテラルのツールや制度は、今日の政治、経済、環境、技術の課題に効果的に対応できておらず、将来さらに対応が困難になる

そういう問題認識を踏まえて同事務総長は、国連など既存の国際機関が課題に対処できなくなっているのは、過去の時代に過去の世界のために生まれたものだからだと指摘した。そして、国連のガバナンス改革について「安全保障理事会は時代遅れで権威が低下しており、その構成と運営方法を改めない限り、まったく信頼されなくなるだろう」と語った。

グテーレス事務総長の問題提起に、正面から異論を唱える人はいないだろう。２０２５年に創設80周年を迎える国連の改革は待ったなしだが、改革の進め方や新たな目標の設定には、加盟各国の利害がからむ。

未来サミットは初日に、①持続可能な開発と開発のための資金、②国際的な平和と安全、③科学・技術・イノベーションとデジタル協力、④若者と将来の世代、⑤グローバルガバナ

24年9月22日、国連「未来サミット」で問題提起したグテーレス事務総長（AP/アフロ）

ンスの変革——という5つの章からなる「未来のための協定」（Pact for the Future）を採択した。この協定は、グローバルサウスの不満に配慮する形で国際金融システムの調整や国連安保理の改革を進める考えを盛り込み、2030年の持続可能な開発目標（SDGs）達成に向けた取り組みを加速することなども打ち出している。

先進国と発展途上国、双方の共同作業で草案をまとめ、その過程で妥協を重ねた結果、気候変動対策などについて「骨抜きの協定」になったという批判もある。安保理の常任理事国がこれまで持っていた拒否権の扱いなど安保理改革の具体論の多くも、今後の話し合いに委ねられた。反対が出ないような表現でまとめ、全会一致の採択をめざしていたのに、土壇場で一部の国から異論が出た。

採択の直前に協定案の修正を要求したのはロシアだ。「相手がいかなる国家であっても、その国の管轄権内にある問題には、国際機関は介入できない」。ロシアが協定に加えるよう求めたのは、こういう趣旨の内政不干渉の原則の明記だったという。ロシアの要求に、ベラルーシ、北朝鮮、イラン、シリアなどが同調した。しかし、こうした表現を盛り込むと、どこかの国の政権が自分たちの都合に合わせて拡大解釈する恐れがある。西側諸国だけでなく、新興国、途上国のほとんども、事前に提示された協定案を支持していた。AP通信によると、アフリカ諸国を代表する形でコンゴ共和国が協定案に修正を加えないという動議を提出した。この動議に、出席した全加盟国193のうち143カ国が賛成した。最終的に未来サミットは、「未来のための協定」を会議全体の意思を示すものとして採択した。

少数とはいえ、国連でロシアと同じ歩調を取る国が存在している状況が、この会議であらためて示された。ロシアに同調する国々は、米国やEUなどの制裁の対象か、ロシアも加わった過去の安保理決議に基づく国連の制裁の対象になっている国のグループともいえる。

その一方で、米国やフランスの影響力の低下、中国の影響力拡大とロシアの進出などが注目されていたアフリカの国々が、グローバルガバナンスをめぐるロシアの横やりをはねつけたことも興味深い。中東危機への対応をめぐってグローバルサウスの米欧への不満はさらに強まり、米国の求心力はさらに低下したが、それは大半の国が政治的にロシアや中国の側に付くことを意味するわけではない。グローバルサウスの国々は、テーマごとに、どう行動すれば自国の利益確保にプラスかを判断して動く。多くの国は「未来のための協定」が、これからの自国にとって有益だと判断していた。

常任理事国という既得権への不満

未来サミットでのもう一つの注目点は、国連改革が焦点の一つになっているのに、安保理で拒否権を持つ常任理事国5カ国（米国、英国、フランス、ロシア、中国）の首脳が誰もこの会議に出席していなかったことだ。1945年に国連が生まれたときに、第2次世界大戦の「戦勝国」として特権的な地位を与えられた大国、およびその地位を継承した国の、既得権へのこだわりと、国連改革に対する微妙な距離感が感じられる。

未来サミットでスピーチした英国のラミー外相（両親が南米のガイアナ出身のアフリカ系）は、「グローバルサウスの国々は過去に大きな不公正を経験した。その不満を無視することはできない」として安保理の改革に触れたが、具体的な改革の内容には踏み込まなかった。

一方、欧州でも大国ではないアイルランドは、大国の特権を厳しく批判した。アイルランドのヒギンズ大統領（議院内閣制の首相とは別に直接選挙で選ばれる国家元首）は未来サミットでのスピーチで、「国連を弱体化させてきた権力の乱用」に目を向けるべきだと呼びかけ、「未来の国連には拒否権を乱用し続ける常任理事国が存在する余裕はない」と言い切った。同大統領が国連の再構築にあたって不可欠と訴えたのは、「アフリカ、アジア、ラテンアメリカに権限を与える安保理のガバナンス改革」だった。

グローバルサウスの代表を自負する国の首脳たちも、国連改革について持論を述べた。インドのモディ首相は未来サミットで「人類の成功は戦場ではなく集団的な力にある」と説き、「世界の平和と発展のためには国際機関の改革が不可欠だ」と訴えた。インドは自国の国際的な発言力の拡大を追求しているが、この演説では具体的な要求には踏み込まず、「ニューデリーでのG20サミットでアフリカ連合が正式メンバーになったのは、この方向への重要な一歩だった」と、アフリカ代表が加わることの意義を強調する程度にとどめた。

より厳しい主張をしたのは、ブラジルのルラ大統領だ。未来サミット終了後の24年9月24日、国連総会の一般討論演説に登場した同大統領は、新型コロナウイルスで世界的な課題がわかったのに、世界保健機関（WHO）ではパンデミックに関する包括的な条約の準備ができていないと非難し、現在の国際機関の対応の限界を指摘した。さらに「ラテンアメリカとアフリカが常任理事国から排除されている国連安保理は植民地主義の延長」と批判した。国連憲章を包括的に改めるよう求めたルラ大統領は、抵抗勢力がいても多数の国の意志を結集すれば改革は推進できるという考えを示した。

ヒギンズ・アイルランド大統領は、国連改革について、第2次世界大戦後に出来たブレトン・ウッズ体制の修復ではなく、未来に向けて建て替えるのだと念を押している。いま多くの国が求めているのは、表面的な国連のリフォームではなく、土台も含めた造り直しである。トルコのエルドアン大統領は国連総会の一般討論演説で「国際的な正義を特権的な5つの国の意思に委ねるわけにはいかない」と強調した。国連改革の議論では、米国と中国・ロシアの対立関係だけでなく、中国、ロシアも含めた常任理事国の特権への批判が強まっていることにも注目する必要がある。

およそ80年前の基準と秩序に基づいて造られた枠組みを、今の世界における各国、各地域の経済力の大きさや重要性に基づいて造り直し、自分たちがより大きな発言力を得られるようにする。それが、新興国、途上国の共通の目標だ。

大国も新興国、途上国の考えを無視することはできない。米国のバイデン大統領は9月24日の一般討論演説の日に国連本部に赴いた。在任中最後になる国連演説で、主に中東危機の

トーマスグリンフィールド米国連大使はアフリカの国を常任理事国に加える意義を強調する（ロイター / アフロ）

外交的解決の重要性を訴えたバイデン大統領は、国連改革にも触れた。イスラエルの軍事行動を抑えられない米政権に不満を示す途上国の代表も、バイデン演説の中の「われわれは安保理の改革と拡大を支持している」という一節には拍手を送った。

バイデン政権が考える国連改革の中身は、トーマスグリンフィールド米国連大使が国連総会前の９月12日にニューヨークの外交問題評議会で行った講演と、大統領演説後の９月25日にワシントンのフォーリン・プレスセンターで行った記者会見で明らかにした。

同大使の説明によると、米国は長年にわたって支持してきたインド、日本、ドイツの常任理事国入り、バイデン政権になってから支持を表明した中南米・カリブ海地域からの常任理事国選出に加え、新たに

①アフリカの2つの国が常任理事国になるのを支持する、②気候変動の影響を受けやすい小さな島嶼国《とうしょこく》のグループを代表する国1つを非常任理事国に加える、③これらの改革を実行に移すため、米国は原則を文書化する形で国連憲章改正の交渉を始める用意がある――という。ただし、拒否権の付与については「さらに広がると安保理が機能しなくなる」と大使は講演の際に語った。新たな常任理事国には拒否権を付与しないのが、米国の基本的な考え方と理解されている。

長くアフリカ外交に携わってきた同大使は、安保理にアフリカの声を反映しやすくする意義を強調しており、これまでの米国と比べて改革に前向きな印象を与える。とはいえ、アフリカ諸国などグローバルサウスの国のほとんどは、5つの大国だけが拒否権を持つ制度を廃止すべきだと考えている。同じ常任理事国なのに拒否権の有無の違いがあるような米国の改革案には、反対論も当然ある。

一方、常任理事国の拒否権をすべて廃止することには、既得権を持つ5カ国が抵抗する。グローバルサウスから見れば、中国、ロシアも、米国、英国、フランスも、この点ではみな「守旧派」である。

安保理の仕組みを改めるには、常任理事国の国名などを明記している国連憲章の改正が必要になる。国連憲章を改正するには、国連総会で加盟国の3分の2以上の賛成を得て改正案を可決するとともに、安保理の常任理事国5カ国すべての承認も得なければならない。ウクライナを侵略したロシアを常任理事国から外すべきだという声は強いが、ロシアと中国が拒否権を持っている中で、それは可能なのかという問題もある。安保理改革を求める声はかつてないほど大きくなっているが、改革実行に向けてのハードルは高い。

国連改革の方向性の違い

G7の中でも、安保理改革のコンセンサスはできていない。新興国・発展途上国側でも、発言権拡大の総論は一致しているが、どの国が常任理事国になるかといった各論では意見の対立が起きる。

G7のメンバーと中国、ロシア、主要な新興国が集まって24年9月25日に国連本部で開いたG20外相会合（エジプト、ナイジェリア、シンガポールなどのゲスト国も参加）は、「グローバル・ガバナンス改革への行動要請」という文書を採択した。この文書は安保理改革について「21世紀の現実と要請に合致させる」「包摂的で、効率的で、説明責任のあるものにする」という目的を確認する一方、理事会の構成については「アフリカ、アジア・太平洋、中南米・カリブといった地域の代表性を改善する」という抽象的な説明にとどまっている。

米国と英国はG20外相会合で、アフリカと中南米の国、日本、ドイツの常任理事国入りを支持した。だが、カナダは非常任理事国を増やすほうが現実的だとして、常任理事国を増やすことに反対した。国連改革についてカナダは、イタリア、スペイン、トルコ、メキシコ、韓国、アルゼンチンなどがメンバーの「コンセンサス連合」というグループに属しており、このグループは「G4」と呼ばれる日本、ドイツ、インド、ブラジルが常任理事国入りをめざす動きをけん制してきた経緯がある。アルゼンチンとブラジル、韓国と日本など、同じ地域の隣国の間の対抗意識は、これまでも国際情勢に影響を及ぼしてきたし、これからの国際関係でも無視はできない。

日本は2000年代から、ドイツ、インド、ブラジルとともに動いてきたが、ドイツについては当時から「欧州の国がさらに増えることへの異論」があり、日本については「米国と同じことしか言わないのなら、新たに加わる意味はない」という厳しい意見があった。

G7の中でフランスは安保理改革について、これまで5カ国だった常任理事国と、10カ国だった非常任理事国の双方の枠を広げ、理事国を合わせて25程度に増やす方式を提唱している。G4支持のフランスが、より重視するのは、歴史的に関係が深かったアフリカの理事国を増やすことだ。その背景には、近年、親フランスの政権が相次いで倒れているアフリカでの影響力回復という思惑もある。フランスは自国も持っている拒否権を否定するのではなく、常任理事国が残虐行為を行った場合にはその国の拒否権行使を制限すべきだと主張する。マクロン大統領は9月25日の国連の一般討論演説で「大規模な犯罪をした国の拒否権の制限を望む」と強調した。ロシアのウクライナ侵攻と市民への攻撃などを念頭に置いた発言だ。

一方、中国は「グローバルサウスの発言力拡大が優先事項だ」として、南アフリカやブラジルなどの安保理入りを後押しする姿勢を示す一方、日本の常任理事国入りを否定してきた。ロシアはインドやブラジルの常任理事国入りを支持する一方で、ラブロフ外相は「米国とその同盟国が安保理で過剰に代表されている。さらに追加するのは論外」と、日本やドイツの常任理事国入りを認めない姿勢を示している。

G20が外相会合を開いた翌日、9月26日に国連本部で開いたBRICSの外相会合には、インド、ブラジル、南アフリカなど安保理入りをめざす新興国が集まった。しかし、意見がまとまらず、共同声明を出せなかった。香港の英字紙サウスチャイナ・モーニングポストによると、この日のBRICSの会合には、アフリカから南アフリカのほか、24年にBRICSのメンバーになったエジプト、エチオピアも参加していたが、アフリカに常任理事国が割り振られた場合、どの国がなるべきかについて意見が割れたようだ。

ＢＲＩＣＳとして南アフリカを支持するのは確実とみられるが、アフリカからもう１カ国が常任理事国入りする場合の調整は難しい。南アフリカの人口は約６０００万人だが、アフリカには人口が２億人を超えるナイジェリアのようなＢＲＩＣＳメンバーではない地域大国があるし、人口が６０００万人に近づくケニアも地域の有力国だ。ＢＲＩＣＳの外相会合では、ともに人口が１億人を超え、ナイル川の水の利用をめぐって互いに対立してきたエジプトとエチオピアが張り合って、コンセンサスが得られなかった。中東危機への対応など他のテーマも含むＢＲＩＣＳ外相会合の共同声明に、両国とも署名を拒んだという。

既存の国際秩序への不満は共通していても、どの国が地域の代表として発言する地位を得られるかといった問題では、個々の国の間の歴史的な確執や経済的な利害の対立などもからんで、結論は簡単に出ない。それは、国際政治の舞台で百数十のグローバルサウスの国々が一つのまとまった極になりにくい理由でもある。

米国の求心力が落ちた理由

ちなみに、国連改革での米国のアフリカ重視について、世界各国のメディアから「民主的でない国がアフリカの枠で常任理事国になる可能性をどう考えるか」「アフリカへの影響力をめぐる中国との競争の行方をどうみるか」という趣旨の質問が記者会見で飛び出した。トーマスグリンフィールド国連大使は、「アフリカの人たちが自分たちの代表を選ぶ。われわれが選ぶわけではない」「われわれはアフリカ諸国が中国と関係を持つなと言っているわけではない。それは彼らの選択だ」「われわれがしなければならないのは、彼らに別の選択肢を提供できるようにすることだ」と答えた。

別の選択肢の提供で最も重要なのは、アフリカの途上国が米国とのパートナーシップを通じて経済的な利益を得られるか否かだ。

近年の米国の国際的な影響力の低下は、国力が衰退したからではない。軍事力はなお断トツで世界最強だし、イノベーション、産業の新陳代謝も含めて、経済力も引き続き強い。主要国の通貨の価値を比較すると、２０１０年代の半ばから基本的にずっとドル高の局面が続き、24年秋の段階でも「ドルのひとり勝ち」に近い状況だ。それでも米国の世界への政治的な影響力が弱くなり、世界各国からの求心力も低下している。

その大きな理由は、米国自体の社会と政治の分断状況が激しくなって、世界に対する米国のソフトパワーが低下していることだ。そして、国民の内向き志向が強まり、世界への関与より国民の生活が重要と考える人が増えた。米国のグローバルな指導力は、米国の政治と社会が大きく2つに割れる中で、国内の支えを失い始めている。

２０１７年に大統領に就任したトランプ氏は、地球温暖化対策の国際的な枠組みであるパリ協定から一方的に脱退するなど、オバマ政権時代に決めた重要な政策を否定する傾向が強かった。21年にはバイデン政権が、発足してすぐパリ協定に復帰した。24年の大統領選のキャンペーンでは、バイデン政権の環境・エネルギー政策を批判するトランプ氏が、石油や天然ガスに関する規制を撤廃して国内生産をさらに拡大すると主張、パリ協定から再び離脱する考えを示した。

政権が交代するたびに、世界的に重要な問題についての米国の政策が１８０度変わる可能性があり、政策の継続性が疑問視されるような状況では、米国への信頼感が揺らぐ。

近年の大統領選挙では、いくつかの激戦州のブルーカラーの票の動向が全体の選挙結果を左右する傾向が鮮明になっている。16年の大統領選で「米国第一」のスローガンを掲げた共和党のトランプ氏は、民主党のヒラリー・クリントン候補より全米の合計得票数は少なかったのに、ミシガン、ペンシルベニア、ウィスコンシンといった激戦州で勝ち、州ごとに決まる選挙人の獲得数でクリントン氏を上回って当選した。

いま名前をあげた州は、米国で「ラストベルト」（Rust Belt　さびついた工業地帯）と呼ばれる地域と重なり合う。かつて存在した多くの工場が海外に移転し、多数の工場労働者が転職を余儀なくされた。「失業はしなかったが、年収は大幅に減った」「政治家は、われわれのほうを向いていない」という不満を抱く人たちが多い。その票をトランプ氏が16年の大統領選でつかんだ。20年の大統領選では、民主党のバイデン氏が、非白人、女性、若者、無党派層の支持を得て激戦州でも支持票を確保し、当選に結び付けた。

米国の政治状況が大きく揺れる背景には、米国の人口に占める白人の比率の低下という社会の構造変化がある。１９９０年の国勢調査では米国の人口の75％強を白人（ヒスパニックを除く）が占め、明確なマジョリティー（多数派）だったが、この比率が２０２０年には57・8％まで下がった。２０４０年代には白人の比率が50％を割り込み、これまでマイノリティー（少数派）と総称された非白人が多数派になると予想されている。

米国でも出生率は下がり、23年の合計特殊出生率は1・62にとどまったと推計されている。出生率低下の一方で、１９９０年に約2億５０００万人だった米国の人口は3億人を超え、24年には約3億４０００万人にまで増えている。これは多くの移民を受け入れてきた結果だ。移民による労働力の確保が経済成長の支えになっているのは、共和党支持者が多い企業経営

図表6-1　2020米大統領選の出口調査

	トランプ氏に投票	バイデン氏に投票
白人	58%	41%
大卒以上	48%	51%
大学未満	67%	32%
非白人	26%	71%
大卒以上	27%	70%
大学未満	26%	72%
黒人	12%	87%
ヒスパニック	32%	65%
アジア系	34%	61%

出典：ニューヨーク・タイムズ

者にとっても常識である。だが、政治の動きは別だ。

世論調査で白人の比率低下について、高学歴者はおおむね中立的に受け止めているが、大学未満の学歴の白人では「悪いこと」という回答が増える。白人の比率低下に危機感を抱く人たちは、アファーマティブ・アクション（affirmative action　積極的格差是正措置）と呼ばれる非白人や女性への支援制度への反発が強い。

２０２０年大統領選挙の出口調査（**図表6‐1**）を見ると、白人以外の有権者の支持率はバイデン氏が71％で、トランプ氏の26％に大差をつけている。だが、白人有権者ではトランプ氏が58％の支持を得てバイデン氏の41％を上回っていた。白人でも大学卒以上の高学歴層ではバイデン氏が小差で優勢だが、大卒未満の層ではトランプ氏への支持が3分の2を超えていた。

ハリスはなぜ伸び悩んだのか

24年大統領選挙でも、白人のブルーカラー層がトランプ氏の岩盤支持層である構図は変わらない。一方、イスラム教徒のマイノリティーやリベラル派の若者など、本来なら民主党支持とみられる有権者が、中東危機への対応でイスラエルの行動を抑えられないバイデン大統領への不満を強めた。24年6月27日の夜、81歳のバイデン氏と78歳のトランプ氏が向き合ったテレビ討論では、バイデン氏が何度もことばに詰まり、精彩を欠いた。7月21日にバイデン氏が選挙戦からの撤退を表明するまでは、「どちらの候補にも投票したくない」という有権者が目立つ中で、岩盤支持層がいるトランプ氏が支持率でリードしていた。

バイデン氏が選挙戦から撤退し、ハリス副大統領が民主党の正式な候補になると、高齢の白人男性候補2人が激戦州の票をめぐって争っていた選挙が、別の構図に変わると思われた。ハリス氏は24年10月に60歳になったが、トランプ氏よりはかなり若い。トランプ氏を米国の

9月10日のハリス、トランプTV討論（AP/アフロ）

過去に、自らを米国の未来に位置づけるハリス氏の作戦も、それなりに有効だった。ハリス氏は女性であり、ジャマイカ出身のアフリカ系の父親とインド出身の母親の間に生まれた非白人の移民2世でもある。民主党支持でもバイデン氏には投票しないつもりだった有権者の支持を、ハリス氏なら得やすいという見方もあった。

9月10日のトランプ氏とのテレビ討論も、ハリス氏が優勢という評価が多かった。世論調査の全米の支持率では、ハリス氏がトランプ氏を2ポイント程度上回った時期もある。だが、10月に入ってからハリス氏の支持率が伸び悩んできた。労働組合が組織としてハリス氏支持を打ち出しても、組合員の間でトランプ人気は根強い。ハリス氏には「トランプではなく、バイデンでもない」という理由を超えて支持をさらに増やしていくほどの勢いは欠けていた。

中東危機が続いていた中で、トランプ氏は「イスラエルに、これはダメ、あれはダメというバイデンとハリスは反イスラエルだ。ハリス政権になったら、イスラエルは消滅してしまう」というような極端な発言を繰り返した。ユダヤ系の票を意識するハリス氏は、バイデン大統領と同じく「われわれはイスラエルの自衛の権利を認めている」と反論するしかなかった。このため、多数の一般住民が犠牲になっていることに抗議してバイデン政権を支持しなくなったアラブ系やイスラム教徒の有権者が、ハリス氏を支持する流れにもなりにくかった。

選挙戦の終盤では両者の支持率がほぼ並んだ。政治情報サイト「リアル・クリア・ポリティクス」がまとめた10月25日時点の世論調査の平均は、ハリス支持48・4%、トランプ支持48・3%と拮抗していた。ただし、激戦州の世論調査では、ペンシルベニア、ミシガン、ウィスコンシン、ノースカロライナ、ジョージア、アリゾナ、ネバダの各州でトランプ氏が優勢とみられた。

選挙戦の途中までトランプ氏は、支持基盤を広げようとして人工妊娠中絶の是非などの争点で以前より柔軟な姿勢を見せていたが、終盤になると不法移民と犯罪者を同一視するような乱暴な発言を繰り返し、外国製品に高い関税をかける考えを強調して、ブルーカラー層に受ける戦術に徹した。事実上すべての輸入品に一律10%ないし20%の関税を課す、すべての中国製品に対して60%超の関税を課すなど、トランプ氏は関税引き上げの「公約」を乱発した。24年10月15日にシカゴの経済クラブで政策を語った際には、メキシコからの輸入車にも「100、200、2000%の関税をかけるつもりだ」とまで言った。

多くの米企業は自由貿易を前提に、米国より人件費が安いメキシコに工場を開設している。米国市場向けの生産拠点としてメキシコに進出した日本企業、欧州企業も多い。近年は中国企業のメキシコ進出が目立った。23年の米国の貿易統計で、中国が最大の輸入相手国ではなくなり、代わってメキシコがトップになったのは、こういう事情の表れだ。「メキシコとの間に高い関税障壁を設けるのは非現実的で、ビジネスを混乱させる」というのが産業界の本音だが、トランプ氏は「関税が高ければ、企業は米国内に工場を建てる」という主張を続けた。

一方、ハリス氏は、中間層や低所得層の家計の負担を抑えることに重点を置いた経済政策を進めると強調し、その財源づくりとして高所得層への課税を強化し、大企業の法人税率を引き上げる政策を打ち出した。減税を強調するトランプ氏の主張との差別化だ。トランプ氏の唱える高関税政策についてハリス氏は、「日用品や必需品の大幅な値上がりを招き、中所得者層の生活を圧迫する」と批判した。

根拠になる数字も示さずに「関税を引き上げて財源をつくれば、所得税をなくすこともできる」といったトランプ氏の極端な主張は、政策論としては無茶苦茶だが、ブルーカラー層の気分には合った。ハリス氏は通商政策などで基本的にバイデン政権の政策を引き継ぐとみられたので、「大きな変化が起きる」という感じが乏しい。この点は、有権者へのアピール競争でマイナスだった。

「新ワシントン・コンセンサス」とは

外交、安全保障、経済、通商など、さまざまな面で米国の政策の焦点になるのは、中国との関係だ。米国と中国の対立が特に強まったのは、２０１７年にトランプ氏が大統領に就任した後だが、バイデン政権も特定の分野の中国からの輸入品について、トランプ政権が導入した追加関税をさらに引き上げた。24年5月に、中国製の電気自動車（ＥＶ）に対する関税を従来の４倍の１００％に、ＥＶ用リチウムイオン電池の関税を7・5％から25％にそれぞれ引き上げ、中国産の重要鉱物には25％の追加関税を課すことも決めて、大統領選の投票が迫ってきた9月27日に発効させた。

第5章で触れたように、バイデン政権は中国のEVの過剰生産の自国への影響を懸念していた。そして、過剰生産の背景には中国政府の多額の補助金があると結論付けて、相手国の不公正な慣行への対抗という「通商法301条」に基づく関税の適用を拡大した。

「ワシントンでは誰も世界市場の一体化や自由貿易について語らなくなった」。米国のメディアには、こういう説明がよく登場する。米国でも、政府による規制や補助金の支給など、産業政策を通じて自国の産業を支えようとする考え方が強くなった。バイデン政権で安全保障政策を担当してきたサリバン大統領補佐官は、産業政策を肯定するバイデン政権の考え方を「新ワシントン・コンセンサス」と呼んだ。市場原理や自由競争を重視するかつての米国の政策が「ワシントン・コンセンサス」と呼ばれたことと対比したネーミングだ。今や米国の産業政策と外交政策は表裏一体である。バイデン政権による中国製EVへの関税引き上げも、国内のブルーカラー層の支持を取り付けたい政権の政治的な思惑とつながっていた。

インフレへの不満が強かった23年秋、米国の自動車工場の労働者が加入している全米自動車労組（UAW）は、賃金の40％引き上げなどを要求してストライキに入った。すると、バイデン、トランプの両氏が相次いでミシガン州にあるゼネラル・モーターズ（GM）の工場を訪れて、ストを支援すると表明した。現職、前職の米大統領がストの現場に赴いて、労働者の味方だとアピールするのは、米国の政治で前代未聞の出来事だった。

米国のビッグ3（3大自動車メーカー）の経営側は、25%の賃金引き上げと、賃金を物価上昇率に連動させて調整する仕組みの復活を組合側に回答し、交渉は妥結した。25%の賃上げは4年半の間に5回に分けて実施し、5回の賃上げ終了後には、平均賃金が時給に換算して40ドル以上になるという。40ドルを1ドル＝140円で計算すると5600円、1ドル＝150円なら6000円になる。経営側がこれほど大幅な賃上げに同意したのは、米国の自動車産業に対するさまざまな公的支援策があるからだ。

バイデン政権下で22年に成立したインフレ抑制法に基づき、米国内で組み立てたEVについては、購入した人が1台につき最大7500ドルの税額控除を受けられる。事実上の補助金だ。自動車メーカーも、EV製造などのために国内の工場を改修する際には、政府から多額の助成金を受け取ることができる。税制優遇が受けられるのは、現地調達比率などの基準を満たした国内組み立て車だけ。日本やドイツ、韓国など米国の同盟国の製品であっても、輸入車は優遇対象にならないとされた。中国製のEVには特別に高い追加関税がかけられ、関税障壁によって米国市場へのアクセスが制限される。

米国の自動車工場の時給6000円の労働者の出現は、自由競争ではないから可能になる。

それは、税制優遇、補助金、関税障壁など、各種の産業政策に支えられている。その産業政策には、大統領選挙での支持取り付けという米国の内政の事情がからんでいる。

安全保障を反映する通商政策

米国のメーカー、中国のメーカーのＥＶは、どのくらいの価格で販売されているのだろうか。先ほど説明した１００％追加関税が発効する前、24年9月14日の日本経済新聞電子版によると、米国市場ではテスラの安い車種でも価格が３万ドルを超える一方、中国のＢＹＤ製のＥＶのいちばん安いものは１万２千ドルで売られており、１００％の関税をかけられても２万５千ドル以下で売ることができるという。トランプ氏は、中国のＥＶに２００％の関税をかけると言ったこともあるが、それでも米国製のＥＶの価格とはいい勝負だ。

米国のテスラやＧＭは、ＥＶの普及を進めるために１台３万ドル以下の車の開発にも力を入れているようだ。それでも中国車並みの１万ドル台、２万ドル台の価格実現は容易ではないだろう。米中のＥＶの価格水準に大きな隔たりがあり、米政府が米国製に対する保護と中国メーカー製に対する規制を続けるなら、市場のメカニズムを通じた双方の価格の収斂は起こりにくい。

欧州連合（EU）も24年10月4日、中国製EVに追加関税を課すことを、賛成多数で決定した。追加関税はメーカー別に異なり、テスラが7・8％、BYDが17％、吉利が18・8％、上海汽車が35・3％となっており、24年11月から5年間、従来の10％の関税に上乗せして実施することになる。この決定に反発した中国は、EU産のブランデーの関税引き上げなど対抗措置をちらつかせた。双方はEVの関税について、さらに協議するという。

米国もEUも関税障壁などによって、自分たちがつくるEVを守ろうとする。だが、EUの中でも国内にEVメーカーが存在しない国は、EUの関税引き上げをきっかけに中国のEVメーカーが自国に進出して現地生産を始めることを期待する。

自前のEVメーカーが存在しないグローバルサウスの国々でも、国民の購買力と比べて米欧など先進国のメーカーのEVは高すぎるので、中国のEVへの関心が高い。中国側もそれを承知しているから、EVは中国の途上国外交の手段にもなる。中国国内で過剰生産されたEVを安値で輸出するだけではない。中国国内でEVをつくる企業の数が多すぎ、生産能力が過剰になっているわけだから、EVメーカーの海外進出を後押しし、海外で中国企業が開発したEVを組み立てる工場の開設を進めるという考え方もある。

中国の東風汽車は、エジプトの国営自動車会社と提携してEVの現地組み立てを始める。

奇瑞汽車はケニアに進出し、ＢＹＤはパキスタンにも組み立て工場を開設する。奇瑞のケニアの工場は従業員３０００人規模になると報じられている。現地で多くの雇用を生むのであれば、中国企業の進出はグローバルサウスの国々で歓迎される。

米国の政権が代わっても、中国との政治的な対立は続く。ＡＩや半導体など先端技術分野の将来の覇権争いも重なって、通商政策には「安全保障の観点」が強く反映するようになった。中国に過度に依存しないようにするためのサプライチェーンの再編や、地政学リスクも考慮した強靭《きょうじん》なサプライチェーンの構築など、米国が主導し、日本、台湾、韓国などが巻き込まれる形で、世界の産業地図の書き換えが進む。

バイデン政権下で米国は、中国が供給する製品や物資への依存を減らし、同盟国・友好国を中心とした中国抜きのサプライチェーンの構築を進めようとしてきた。また、軍事力強化にもつながる人工知能（ＡＩ）や半導体などの最先端の技術分野で、中国の追い上げを遅らせる狙いの通商政策もバイデン政権は打ち出した。22年10月にＡＩ用の最先端の半導体や半導体製造装置の中国向け販売を制限する措置を導入し、23年10月に規制をさらに強めた。

安全保障問題を担当するサリバン大統領補佐官らは、技術分野を特定した貿易や技術移転の規制を「小さな庭を高いフェンスで囲む」（small yard and high fence）と表現してきた。

「スモールヤード・ハイフェンス」は、中国の動きをにらんだ安全保障上の理由による規制措置のキーワードとして定着している。

大統領候補になったハリス副大統領は経済政策で「ミドルクラスの支援」に力点を置き、それを中国との競争に勝つこととセットで語っていた。世論調査で「米国の最大の敵は中国」という答えが最も多くなった今の米国では、大統領選挙もからんで民主、共和の両党が厳しい対中政策を競う。通商政策の妥当性を安全保障政策の文脈で語る傾向も強くなった。その結果、「高いフェンスで囲まれる庭」は政治的な判断で広がりやすくもなる。

市場開放しない米国への失望感

一方で、フェンスを撤去したり、高さを下げたりして、自由に出入りし、制限なく取引できるようにする動きは、米国で政治的な抵抗を受けやすい。

バイデン政権は、トランプ政権が17年に離脱したTPPに代わる経済連携の枠組みとして、インド太平洋経済枠組み（IPEF　アイペフ）を、22年5月に立ち上げた。この枠組みは、貿易（デジタルも含む貿易の円滑化）、サプライチェーン（半導体など重要物資の供給網の強靭化）、クリーン経済（脱炭素化をめざすエネルギー転換の推進）、公正な経済（税金逃れや汚職などの防止）という4つの分野での連携推進を掲げ、米国のほか、日本、韓国、オーストラリア、ニュージーランド、インド、インドネシア、シンガポール、マレーシア、タイ、ベトナムなどが参加した。

ＩＰＥＦでは24年2月にサプライチェーンに関する協定が発効し、参加国の間でＥＶの電池に必要なリチウムなどの調達で協力する動きが始まった。目標は中国に依存しない形の供給網づくりだ。クリーン経済、公正な経済に関する協定も24年10月に発効した。しかし、貿易の分野では交渉がなかなか前に進まない。自国の市場開放に後ろ向きになった米国は、最初から関税引き下げをテーマから外し、自由貿易拡大を望む参加各国を失望させていた。

貿易分野の重要テーマに据えられたデータの流通などデジタル貿易のルールづくりでは、巨大ＩＴ企業の影響力をどう抑えるかについて米国内で意見の対立があり、対外交渉は後回しになった。フェアトレード（公正な貿易）に関連した労働者の権利や自然環境の保護については、米国など先進国の考え方と途上国の考え方の隔たりが残る。そういう事情で、ＩＰＥＦでは貿易の分野での合意がほかの分野より遅れている。

そのＩＰＥＦについても、トランプ氏は「政権に復帰したら破棄する」と公言していた。トランプ氏は2国間での取引を好み、多くの国の間で合意を形成する努力も、多国間の合意に従うことも嫌う。ＩＰＥＦの個々の分野の合意の具体的な内容というよりも、「アメリカ第一」を押し通せない状況を嫌ったのだろう。

トランプ氏のように高い関税に頼ろうとする政策について、ＩＭＦは24年10月に世界経済見通しを改定した際に、以下のような警告をした。「自国の労働者と産業を守ろうとする産業・通商政策は、国内の投資や経済活動を短期的に促進できることもあるが、相手国からの報復措置につながることが多く、持続的な経済成長には寄与しない」。米国と中国、ユーロ圏など主要な国・地域が互いに追加関税をかけあうような展開になれば、世界の貿易量が減り、世界のＧＤＰ成長率をかなりの幅で押し下げる要因になる。

トランプ氏や同氏を強く支持する人たちは「高関税は米国経済にプラス」と主張するが、ほとんどのエコノミストは経済にマイナスと考える。そして世界のほぼすべての国も、貿易量が減り、成長率が下がる展開になるのを避けたいと考えている。

新興国、発展途上国が米国に期待するのは、まず巨大な米国市場へのアクセスの改善、自国の生産品の対米輸出拡大につながる関税の引き下げや撤廃である。だが、国内の労働者や労働組合の反応に過敏になった今の米国の政治は、自国の市場を開放する措置を基本的に避ける。民主党の政権でも、共和党の政権でも、関税の引き下げや撤廃には議会の抵抗が強く、市場開放にはほとんど期待できない。

米国がそういう状況だから、中国が米国の政策を保護主義と批判し、「経済グローバル化を守るのは中国だ」と宣伝する、倒錯した状況が生まれた。

グローバルサウスの国々は、自国の雇用機会の創出と産業の多角化をめざしているから、米国を含む先進国からの直接投資に期待する。しかし、今の米国で強まっているのは、生産拠点を自国に戻そうとする動きだ。この点でも、今の米国の政治のベクトルの向きは、グローバルサウスが期待する方向とは異なる。多くの新興国、途上国にとって、中国が相手のほうが米国よりも経済面での連携の利点が多いようにみえる。だから、中国の影響力が強いBRICSへの加盟を希望する国が増えた。

米欧の軍事同盟であるNATOの一員であり、長年にわたってEU加盟交渉を続けてきたトルコも、BRICSや上海協力機構への加盟に関心を強め、ASEANとの関係も強化しようとしている。24年9月に国連総会出席のためニューヨークを訪問したエルドアン・トルコ大統領は、「BRICSやASEANは経済協力拡大の機会をトルコに提供している」「これらのグループとの連携は、NATOなど既存の同盟関係を代替するものではなく、互いに補完するものだ」「BRICS入りはNATO脱退を意味しない」と説明した。

インドのモディ首相が「インドがＱＵＡＤのメンバーとして米国、日本、オーストラリアとの協力や連携を強めることは、ＢＲＩＣＳや上海協力機構のメンバーであることと矛盾しない」と強調するのとよく似ている。トルコも国際的な協力関係について「米国側か、中国・ロシア側か」という二元論では考えない。

ＢＲＩＣＳサミットはロシアの思惑通りにいかず

23年にＢＲＩＣＳの議長国を務めた南アフリカは、34カ国が加盟に関心を持っていると説明していた。このうちアジアでは、パキスタンが23年11月に加盟を正式に申請した。ＡＳＥＡＮのメンバーであるタイは24年6月、マレーシアは24年7月に加盟を正式に申請した。各国とも主に期待しているのは経済効果だ、タイやマレーシアは西側先進国と同じ経済協力開発機構（ＯＥＣＤ）入りも一方でめざす。ＢＲＩＣＳ拡大についての中国やロシアの戦略的な狙いは、米国やＧ７が主導してきた国際秩序に対抗するための大きなブロックの形成だが、それはＢＲＩＣＳ加盟をめざすアジア諸国やトルコなどの目的とは一致しない。

24年10月22日から24日まで、ＢＲＩＣＳはロシアの南西部にあるカザンで首脳会議を開いた。議長を務めたロシアのプーチン大統領にとって、加盟を希望する国を含め三十数カ国の代表が集まる国際会議は、ロシアが外交的に孤立していないと世界に示す好機だった。

ブラジル、ロシア、インド、中国、南アフリカの5カ国に、24年からイラン、UAE、エジプト、エチオピアが加わって9カ国に拡大したBRICSは、24年時点で世界の人口の40%強と名目GDPの約25%(購買力平価で計算すれば36%程度)を占めていた。10月23日の全体会議でプーチン大統領は、BRICSを「多極化した世界がつくられつつあることを示すもの」と位置づけ、「世界の大多数の国々の希望を満たしている」と自賛した。

ただし、首脳会議での話し合いは、プーチン大統領の思惑通りに進んだわけではない。

全体会議で演説した中国の習近平国家主席は、まずBRICSを「グローバルサウス諸国の連帯と協力を強化するための主要なチャネルにし、グローバルガバナンス改革の先導役にする」と強調したが、メディアに注目されたのはその後に出てきたいくつかの発言だ。

「われわれは平和にコミットするBRICSを建設すべきだ。全員が安全保障の擁護者として行動しなければならない」「ウクライナ危機はなお続いており、中国とブラジルは平和のための友人のグループを立ち上げた。その目的は平和を主張する声をより多く集めることだ」「戦場を拡大しないこと、敵対行為をエスカレートさせないこと、火に油を注ぐのを禁じること。この3つの原則を堅持して、事態の早期鎮静化に努めなければならない」

過去の習近平発言と比べて、早く戦争をやめてくれというニュアンスが、より強くにじみ出ていた。ウクライナ侵攻を続けるロシアへの協力は、世界の投資資金が中国から離れていく一因になった。中国経済の変調は長期化する懸念がある。中国自体の経済問題が、「限界がない」はずだったロシアとの協力に影響を及ぼし始めているのではないか……。さまざまな憶測を呼ぶ発言だった。

インドのモディ首相も「われわれは戦争ではなく対話と外交を支持する」と強調した。頭部のけがのためにリモートで参加したブラジルのルラ大統領は「戦闘のエスカレーションを避け、和平交渉を開始するよう」呼びかけた。

中国やブラジルの動きについて、ウクライナのゼレンスキー大統領はロシア寄りの現状固定化とみなし、24年9月25日の国連総会演説では「戦争の終結ではなく、一時的な休止を求める取り組みにすぎない」と批判していた。中国も、米国に対抗するうえで重要なパートナーであるロシアが西側の圧力に屈した形になるような決着は避けたい。その点は割り引いて考える必要があるが、ロシアと協力関係を保っている主要な新興国の首脳が次々と、戦争からの出口に向かうようプーチン大統領に促していることには注目する必要がある。

一方、10月24日の閉幕記者会見に臨んだプーチン大統領は、北朝鮮の部隊がロシアに派遣

24年6月19日、平壌を訪問し金正恩総書記と会談したプーチン大統領（ロイター / アフロ）

されている可能性があるとの報道を否定しなかった。ロシアと北朝鮮は、プーチン大統領が24年6月に北朝鮮を訪問した際に、金正恩国務委員長（朝鮮労働党総書記）と「包括的戦略的パートナーシップ条約」に署名していた。この条約には、一方の国が侵攻を受けた場合に、他方の国が防衛の支援をする相互防衛条項がある。ロシアはこの条約自体を、同じ10月24日に下院で批准承認したところだった。

ロシア西部のクルスク州には、24年8月からウクライナ軍が越境攻撃して一部地域の占拠を続けていた。これは、ロシアがウクライナに侵攻後に一方的に併合を宣言したウクライナの領土を、ウクライナ側が取り戻そうとする際の取引の材料にする狙いとみられていた。そのクルスク州に10月24日、北朝鮮の部隊が到着した。

北朝鮮は派兵の見返りに、ロシアから核兵器やミサイルに関連した技術を得る可能性がある。北朝鮮は兵士の給料として不足している外貨を得ることができるし、必要な燃料をロシアから調達することも可能になるだろう。これは、北朝鮮の軍事力の強化につながる。北朝鮮がロシアに兵士を送ることで、ウクライナ危機は東アジアの地政学により直接的な影響を及ぼすことになる。自らの頭越しにロシアと北朝鮮の「軍事同盟」化が急速に進む事態には、中国も神経質になる。習主席がＢＲＩＣＳサミットで「戦場を拡大するな、火に油を注ぐな」と言い始めた背景には、北朝鮮・ロシア急接近への警戒感もあるだろう。

ウクライナ危機の拡大を警戒しているのは中国だけではない。ロシアに従属しているとみられがちなベラルーシのルカシェンコ大統領も、「ロシアがウクライナとの紛争に外国軍を配備すれば、紛争は必然的にエスカレートする」「外国軍の関与は、米欧がＮＡＴＯ軍をウクライナに配備する理由にもなり得る」と語ったという。

プーチン大統領がロシアの強さを示すつもりだったＢＲＩＣＳサミットは、ロシアに協力的な国々がロシアへの懸念を示す場にもなった。

バラバラな13の「パートナー国」

このＢＲＩＣＳサミットでは、新たな加盟国の発表はなかった。中国やロシアが、米国を中心とするＧ７への対抗を意識してグループの拡大を進めようとしても、インドやブラジルがそういう色彩が強まるのを望まないからだ。経済力の弱い国も含めて仲間を増やそうとする中国やロシアに対し、インドは新興国の代表という性格が希薄になると異議を唱え、ブラジルは加盟の基準の明確化を求めた。インドもブラジルも、自国の国際的な発言力を拡大する舞台として、インドが23年、ブラジルが24年に議長国を務めたＧ20を重視する。Ｇ７諸国が参加するＧ20の枠組みを重視するなら、ＢＲＩＣＳで反米やアンチＧ７の色彩が前面に出すぎるのは避けたい。

そういう政治的なバランス感覚に加えて、米中の間でバランスを取るよう求める国内の経済界の声も強い。ブラジルの場合、中国が最大の貿易相手国になった今でも、米国はそれに次ぐ巨大な市場であり、投資や金融の面でも重要な存在だ。ルラ大統領はもともと労働組合運動のリーダーだった左翼政治家で、外交では米国に距離を置き中国との協力関係を拡大してきたが、ブラジルの経済界には「米中のどちらかを選ぶ」という発想はない。ルラ政権も自国の経済的なニーズを無視することはできない。

24年10月のサミットで、BRICSは新たな加盟国の決定を見送る一方、「パートナー国」と呼ぶ正式加盟国に準じるカテゴリーを設けた。その際にブラジルは、ベネズエラをパートナー国に含めることに強く抵抗した。第5章で触れたように、ベネズエラは中国が過去に巨額の投融資をして政権を支え、政権は米国と激しい対立を続けてきた国である。ブラジルが拒否を続けたため、ベネズエラは候補から外された。パキスタンを含めることには、インドが抵抗したと考えられる。結局、パートナー国のリスト（公式には発表されなかった）には以下の13の国が入ったといわれている。

マレーシア、タイ、インドネシア、ベトナム、ウズベキスタン、カザフスタン、トルコ、アルジェリア、ナイジェリア、ウガンダ、ベラルーシ、ボリビア、キューバ。

国の大きさも、経済水準もバラバラだ。BRICS入りに手を挙げていたトルコ、マレーシア、タイなどのほか、東南アジアのインドネシアやアフリカのナイジェリアのような地域大国が入っている。

インドネシアはOECD加盟をめざしているが、BRICS加盟もめざす考えを「パートナー国」入りに合わせて表明した。同国のスギオノ外相は「食料・エネルギーの安全保障や貧困の解消など、インドネシアとBRICSは優先事項が一致する」と説明し、BRICS

加盟をめざすことは「特定の政治ブロックへの参加を意味しない」「インドネシアはあらゆるフォーラムに積極的に参加していく」と語っている。BRICSのパートナー国のリストで、ラテンアメリカの国をみると、ベネズエラが外れた一方、経済状況が厳しい中で左派が政権に就いているボリビア、長年、米国と対立関係にあるキューバが入っている。アフリカのウガンダも、近年、中国に対する債務の重さが報じられている途上国だ。

第2章で触れたように、BRICSはもともと経済成長のポテンシャルが大きいとみられた主要な新興国の代名詞だった。BRICSのメンバーであることは、将来、世界経済の中で大きな存在になる可能性を示すものでもあった。24年に「パートナー国」のリストに入ったとみられる国のうち、ベラルーシ、ウガンダ、ボリビア、キューバといった国々は、BRICSの本来の性格に合致しない。中国とロシアが政治的な狙いで仲間をメンバーに入れようとすると、グループのアイデンティティーが失われる。グループの本来の性格を保とうとすると、中ロが思い描くような多国間の枠組みはできない。

BRICSの名付け親のジム・オニール氏は24年の首脳会議の前に、BRICSはいまメンバー間で目的が共有できておらず、本来なら米国が主導できていない世界的なテーマについてビジョンを推進することもできるのに、現状は既存のグローバルガバナンスに文句を言うだけだ、と批判している。(The BRICS Still Don't Matter : By Jim O'Neill)

先ほどのインドネシアの外相の発言にあったように、グローバルサウスの国のＢＲＩＣＳ参加の目的は、あくまでも経済面のメリットの追求である。米国やＧ７との良好な関係も経済的な利益の確保に不可欠であり、米国の存在は中国の行動の行き過ぎをけん制するうえでも重要である。だから、中国やロシアと一緒になって米国や西側諸国と政治的に対立する気はないということだ。

第３章、第４章で述べたように、中東の大産油国サウジアラビアにとって、現在のビジネスの最大のパートナーは原油の最大の輸出先である中国、石油政策のパートナーは連携することで原油市場への影響力を強めることができるロシアだ。しかし、中国もロシアも、中東とその周辺で地域の安全保障を大きく左右するほどの軍事のハードパワーはない。自国の防衛についての最有力パートナーは米国という考えは変わらない。すでに中国やロシアとの協力関係をかなり拡大しているサウジなどは、ＢＲＩＣＳ加盟によって新たに何が得られるのかよくわからないのではないか、とジム・オニール氏は指摘する。

24年10月のＢＲＩＣＳ首脳会議には、前年に決まった正式加盟を24年になってから保留してきたサウジアラビアも招かれた。しかし、サウジの最高権力者ムハンマド皇太子は出席しなかった。タス通信などロシアの一部のメディアはサウジを加盟国に含めて報道したが、サウジ代表として出席したファイサル外相は、24年6月の外相会合のときと同じく、加盟国の席ではなく、招待された国の席に座った。会議でスピーチした同外相は「BRICS諸国との貿易額は23年のサウジの貿易総額の37％を占めている」と説明し、「あらゆる分野でBRICSとの協力関係を継続的に拡大していきたい」との考えを示したが、具体的な協力のテーマについて踏み込んだ発言はしなかったようだ。

「脱ドル化」の現在地

国際金融関係者が、このBRICSサミットで注目していたのは、BRICS域内でのドル以外の通貨を用いた貿易決済の拡大と、新たな決済手段の導入だった。ロシアはBRICS加盟国の間の銀行間ネットワークの構築を提案しており、プーチン大統領も全体会議で、ドル取引の必要性を減らす新たな金融プラットフォームに言及した。24年からイランとUAEがメンバーになり、サウジもその気になればいつでも加盟国になれる状態だから、原油の輸出入の決済の「脱ドル化」(de-dollarization)の進展にも関心が集まった。

しかし、会議で採択したカザン宣言は、「国を超えた決済で各国通貨の使用を歓迎」「BR

ＩＣＳ決済システム設立の可能性について議論し、研究することに合意する」との表現にとどまった。決済の「脱ドル化」は、米国の覇権の行方ともからんで国際政治でも注目されるテーマだが、まず、これまでにどの程度進んでいるのか、実情を知る必要がある。

ロシアはウクライナ侵攻後にG7とEUの経済制裁で国際銀行間通信協会（ＳＷＩＦＴ）の決済システムから排除され、制裁参加国にあるロシアの準備資産も凍結された。ドルやユーロなどの主要通貨を使えなくなったロシアは、中国やインドとの貿易決済に相手国の通貨を使うようになり、その点では「脱ドル化」が進んだ。

ロシアと中国の貿易では、ロシア側が原油や天然ガスなどの輸出で巨額の人民元による収入を得る一方、西側諸国から直接輸入できなくなった自動車や通信機器、半導体、電子部品などを主に中国から輸入するようになり、その代金の決済に人民元を用いている。中国とロシアの間の貿易の大半は人民元建てになり、ロシアが近接する中央アジア諸国などとの貿易の決済をする場合でも、人民元の利用が増えた。24年1月末にロシア中央銀行のナビウリナ総裁は、ロシアの輸出の34・5％、輸入の36・4％は人民元で決済していると語った。

ＳＷＩＦＴの代わりに中国のＣＩＰＳという決済システムを利用できたことも、人民元の利用促進に役立ったとみられる。

図表6-2　国際決済に占める人民元の比率

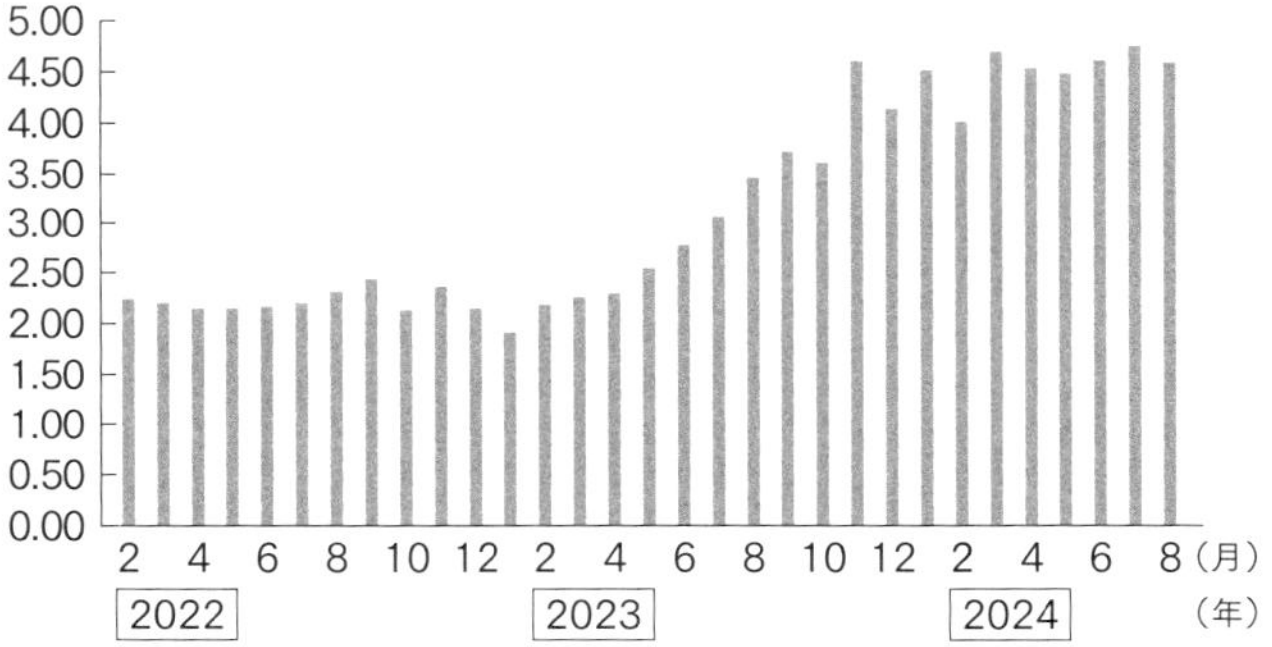

出典：SWIFT の RMB Tracker による

国際的な決済の情報をまとめているSWIFTの資料によると、ロシアのウクライナ侵攻が起きた22年2月に2・2％程度だった世界全体の国際決済に占める人民元の比率は、その後、上昇し、24年7月にはそれまでで最高の4・74％に達した（**図表6-2**）。ただし、グラフが示すように、24年になってからは人民元の利用拡大の勢いが鈍っている。これは、米国のバイデン政権が23年末にロシアに対する制裁を拡大し、すでに制裁対象になっているロシア企業などと取り引きした第三国の銀行も罰する「二次制裁」を発動したからだ。その後、中国の銀行がロシア側との取引に慎重になったといわれている。

人民元の利用を中心に「脱ドル化」が進み

図表6-3　国際決済の使用通貨別比率（2024年8月）

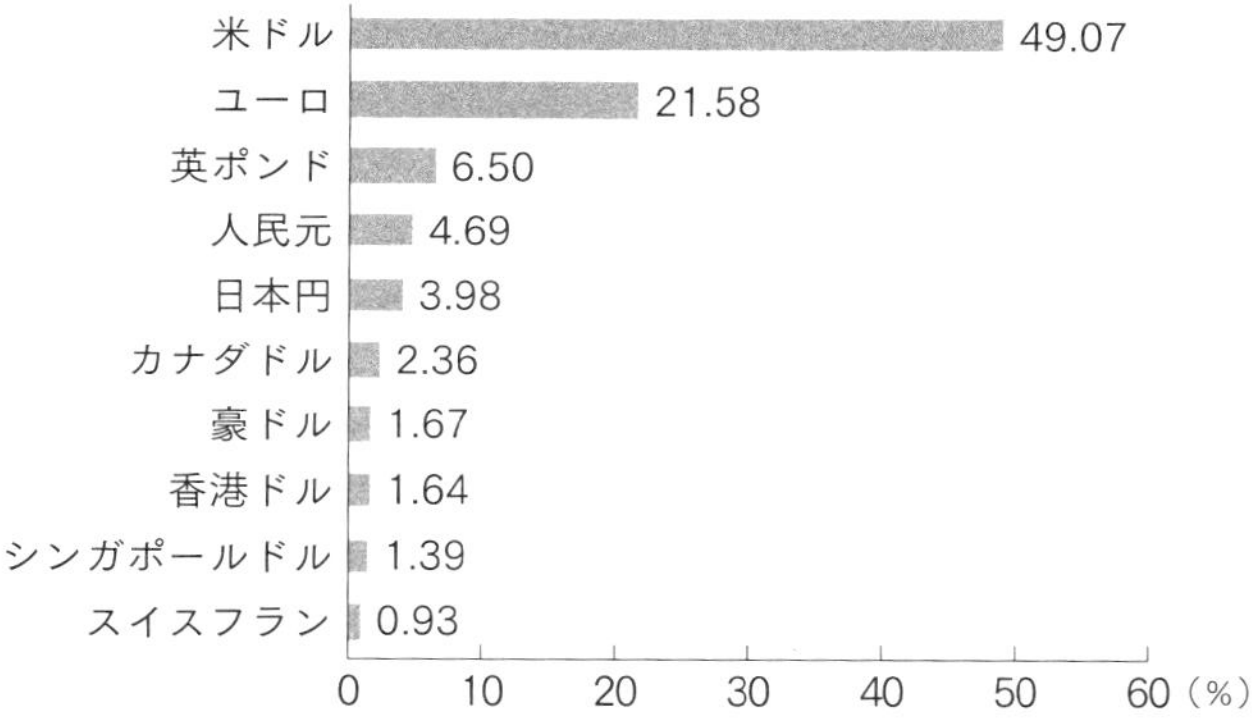

出典：SWIFT の RMB Tracker 2024年9月による

始めたとはいえ、世界全体の決済の通貨別利用状況を見ると、ドルの利用が断然トップである構図は変わっていない。ＳＷＩＦＴのまとめによる24年8月の実績（**図表6-3**）では、ドルが全体のほぼ半分の49・07%を占め、次いでユーロ、英ポンド、人民元、日本円の順だった。

需要と供給に応じて市場で価格が決まる変動相場制のドル、ユーロ、日本円などと違って、人民元は中央銀行である中国人民銀行が毎日「基準値」を公表し、１日の間の変動範囲も決められている管理された通貨だ。中国から外国に送金できる額も事実上、制限されているし、国際的な資本取引の規制も残る。ひと言でいえば、人民元はまだ使い勝手のいい通貨とは言えない。為替相場も22年から24年まで基本的にドル高・人民元安が続いていたので、支払いを受ける側も、ドルの代わりに人民元を得ることを必ずしも歓迎しなかった。

人民元による原油取引の決済を拡大するよう中国が呼びかけ、サウジやＵＡＥもいちおう前向きの姿勢を示してきた。ただし、この両国をはじめ湾岸アラブ産油国は基本的に自国の通貨の価値をドルに対して固定しているので、ドル建ての収入なら為替レートの変動リスクはないが、人民元による収入には為替変動リスクがある。それも、人民元の利用が本格化しない大きな理由だ。

格付け会社Ｓ＆Ｐグローバルは、24年8月に公表したリポート（Saudi-China ties and renminbi-based oil trade）で、「人民元で石油の代金を支払えるようになったからといって、人民元の利用が大幅に増えるとは考えにくい」との見方を示している。

中国の統計では、対外取引で人民元決済の比率が50％を超えるような月もある。ただし、中国はイランをはじめいろんな国との間で、一定の期間のさまざまな取引の「支払い」分と「受け取り」分それぞれの合計の差額分だけ人民元で決済する「ネッティング」の取り決めを結んできた。実際に資金を動かして決済するのは差額分だけだが、統計上はすべての取引が人民元で決済されたことになる。実際に決済でやり取りされている人民元の額が、統計の数字よりもかなり小さい可能性にも留意する必要がある。

第5章で触れたように、中国は多くの国と通貨スワップ協定を結び、その枠組みを通じて中国人民銀行が相手国の中央銀行に人民元を融資している。それによって相手国の外貨準備がかさ上げされ、相手国側は中国から借りた人民元を、中国からの輸入や中国企業が請け負った建設工事などの代金支払いに充てる。「人民元を用いた国際決済拡大」の背景には、こういう事情も存在している。

サウジやUAEなどでは本格化しない原油取引の脱ドル化は、中国とロシアの間のほか、ロシア産の原油をディスカウント価格で大量に輸入するようになったインドとロシアの間では進んだ。ロシアとインドの貿易では、ロシア側が原油輸出代金として巨額のインドルピーを得ても、インドから輸入するものが少ないのでルピーの使い道がないという問題がまず起きた。そこでロシア側が人民元による決済を希望したが、インド側は中国の通貨を利用することを好まない。妥協案として、インド、ロシア両国と関係が深く、24年からBRICSに加盟したUAEの通貨「ディルハム」で決済する方式など、試行錯誤も続いた。

そのうちにロシア側は、原油輸出で得たインドルピーを元手に、G7やEUがロシアに輸出するのを禁じたデュアルユース（民生用だけでなく軍事用にも利用可能）の半導体、電子部品、通信機器、化学品などを、インド経由で購入するようになった。第3章で紹介したように、米国はUAEやトルコを経由するロシアの調達を摘発し始めている。そういう時期に、インドを経由するロシアの調達ルートが開かれたわけだ。

これには、米国で経済制裁を担当する財務省が神経質になった。軍民両用の物資のロシア向け輸出が多いのは中国とみられてきたが、米国は「二次制裁」をテコにして中国・香港からロシアへの人民元建ての輸出を抑え始めたところだ。中国政府も24年10月19日に、デュアルユース品目の輸出管理を強化すると発表した。インド経由によるロシアの調達が増えると、他のルートで摘発を強めても締め付けの効果が薄れてしまう。米政府は一部のインド企業を制裁の対象にしたほか、輸出管理のコンプライアンス強化をインドに求めている。

ビジネスが促す対立緩和

24年10月のBRICSサミット開催時には、中国とインドの間で軍事的な緊張と政治的な対立の緩和に向けた動きが具体化した。まず10月21日に両国政府が、紛争を抱える国境地帯でのパトロール活動再開で合意した。20年6月に係争地点を抱える国境地帯で両国が軍事衝突し、双方に死者が出て以来の緊張状態を「衝突以前の状態に戻すことを意味する合意」

（ジャイシャンカル・インド外相）だった。

関係改善のきっかけになる合意を踏まえて、習近平国家主席とモディ首相がＢＲＩＣＳサミット中の10月23日、５年ぶりの首脳会談を開いた。会談で習主席は「コミュニケーションと協力を強化し、意見の対立を適切に管理」して「互いの発展の夢を実現すべきだ」と語り、モディ首相は「国境の平和と安定は最優先事項」であり「関係の安定は両国と世界の経済発展につながる」との考えを示したという。

モディ政権は「メイク・イン・インディア」というスローガンを掲げて、国内の製造業の振興を経済政策の重要な柱にしてきた。だが、20年の軍事衝突以来、中国から来訪するビジネスマンや技術者に対するビザの発給が制限され、発給に時間がかかるといった悪影響を指摘する声が、インド企業から出ていた。製造業の振興には、中国企業との合弁や提携も必要で、インド企業の経営者たちがビジネス最優先の対応を政府に要望していたという報道もある。モディ政権は、ビジネス環境、投資環境の整備につながるという発想で、中国との対立緩和に動いたとみられる。

トランプ復帰に備える同盟国

ＢＲＩＣＳサミットの閉幕と同じ10月24日、ワシントンではＧ20の財務相・中央銀行総裁会合が開かれた。参加した各国は世界経済の先行きについて比較的ポジティブな見方を示す一方、戦争、世界経済の分断、異常気象などの下振れ要因を指摘し、保護主義の広がりへの警戒感も示した。

その翌日10月25日には、Ｇ７がワシントンで財務相・中央銀行総裁会合を開いた。この会議でＧ７各国は、凍結しているロシアの公的な資産を利用してウクライナに対する５００億ドル規模の支援融資を実施することで合意した。北朝鮮の派兵によって戦況がロシア有利に傾きかねない局面で、Ｇ７はウクライナ支援を続ける意思を再確認した形だ。融資は24年末までに開始し、25年１月20日の米国の大統領就任式の前に既成事実化する。

ウクライナのゼレンスキー大統領は、24年10月16日にウクライナ議会で、ロシアとの戦争に勝つ「勝利計画」を公表していた。勝利計画は、ＮＡＴＯ加盟に向けた正式な手続きを開始すること、欧米の許可を得て射程の長い兵器でロシア国内を攻撃することなどが柱で、25年の戦争終結をめざす。これに対しロシアのプーチン大統領は「米欧が供与した兵器でウクライナがロシア領内を攻撃することは、ＮＡＴＯがロシアと戦うことを意味する」とけん制した。24年10月の時点では、米国やドイツは攻撃容認にも早期ＮＡＴＯ加盟にも慎重な姿勢だった。24年10月にＮＡＴＯ事務総長に就任したオランダのルッテ前首相は「ウクライナはＮＡＴＯに加盟する」と明言しつつ、具体的な時期については言及しなかった。

ゼレンスキー大統領は『勝利計画』を支持しなければ、ロシアを支援する結果になる」と10月17日のＥＵ首脳会議で早期の決断を促した。プーチン大統領と親密とみられるトランプ氏が米国で政権に復帰することになれば、現状是認の形の停戦を米国から求められる可能性が大きいとみたからだ。

米大統領選でトランプ氏が勝利した後、ロシアは攻勢を強めた。韓国政府は、１万人を超える北朝鮮兵がロシア軍の戦闘に参加しているとの見方を示した。11月15日、ＥＵの頭越しの米ロの取引を懸念するショルツ・ドイツ首相は、２年ぶりにプーチン大統領と電話で話した。その際にプーチン大統領は、いかなる和平合意も「新たな領土の現実」に基づくものでなければならないと強調したという。バイデン政権はようやく、ウクライナが米国製の兵器を用いてロシア領内を攻撃することを認め、11月19日に射程の長いミサイルでの攻撃が始まった。米国の政権交代に伴ってウクライナ情勢が動く。

トランプ氏は、巨額の対外援助や米国の負担が大きい同盟関係の維持に消極的だ。米国が主導してきたＮＡＴＯのような同盟を、米国にとってもメリットがある「国際公共財」とは考えず、同盟を保険や警備会社のようなものと考える。同盟の相手の防衛予算が少ないとみなすと、保険料をちゃんと払っていないのだから米国が防衛する義務はないという姿勢を見せる。安全保障を自国の損得勘定で語るのがトランプ流だ。

同盟国はトランプ氏が政権に復帰する可能性に備えて、早めに動き始めた。たとえば韓国は、２０２６年分の在韓米軍の駐留経費の韓国側負担分について、米国の大統領選挙のおよそ１カ月前、24年10月４日に早々と、前年比８・３％増で決着させた。トランプ氏が政権に復帰する場合には、韓国の対米貿易黒字の増加傾向とからめて、駐留経費の負担額を一気に増やすよう求められることがあり得ると韓国側は考え、先手を打ったとみられる。

台湾の防衛についてトランプ氏は、24年６月に米国の経済誌ブルームバーグ・ビジネスウイークのインタビューで、「台湾は米国から半導体産業を奪い、莫大な富を得ている」「台湾はわれわれに防衛費を払うべきだ」「われわれは保険会社と同じようなものだが、台湾は何もしていない」と発言した。24年10月18日付の米国の経済紙ウォールストリート・ジャーナルのインタビューでは、「もし中国が台湾に侵攻すれば、１５０〜２００％の関税を課すつもりだと言う」と語った。台湾防衛のため米国は軍事力を行使するのかと問われると、「彼

（習近平主席）は私を尊敬し、私がクレイジーであることも知っているので、（米国の軍事力行使の）必要はないだろう」と語っている。

ちなみにバイデン大統領は、中国が台湾を侵攻した場合に米国は軍事力で台湾を守るのかと問われると、「そうだ」（Yes）という答えを繰り返してきた。これは、ロシアがウクライナに侵攻する可能性があるという諜報機関の情報を米国が21年の段階から公表しながら、バイデン大統領がウクライナへの米軍派遣は検討しないと語ったために、実際の侵攻の抑止ができなかった失敗があるからだ。台湾有事の際には米国が中国に軍事力で対抗するという姿勢を示し続けることで、中国の台湾侵攻を抑止したいという発想だった。

インド・太平洋地域に「格子細工」を作ろうとする米国

米国は、インド洋から太平洋に至る地域、海域で、中国の軍事的な脅威や政治的な影響力の拡大にどう対抗するか、試行錯誤を繰り返してきた。

バイデン米大統領は22年11月、米国とＡＳＥＡＮの首脳会議で双方の協力関係を「包括的戦略的パートナーシップ」に格上げした。そして「われわれは法の支配に対する脅威に、ともに立ち向かう」と強調した。しかし、中国をにらんで米国がＡＳＥＡＮというグループをまるごと自らの側に取り込もうとするような試みは、うまくいかなかった。

南シナ海では中国とフィリピン、ベトナムなどの間に領有権をめぐる争いがあり、中国の強圧的な姿勢への反発は強い。だが、東南アジアでは、国ごとに中国への経済的な依存度に違いがあり、中国の政治的な影響力も国ごとに濃淡がある。中国はＡＳＥＡＮ諸国の最大の貿易相手国であり、各国への直接投資でも中国の存在感は大きい。軍事面、政治面で米国側に付いて、中国との対立を強めるという選択は、グループとしてのＡＳＥＡＮにはない。

一方、ＡＳＥＡＮ諸国にとって、米国も中国に次ぐ巨大で重要な市場である。そして、中国の威圧的な行動にブレーキをかけるカウンター・バランスとして、米国を必要としている。つまりＡＳＥＡＮ諸国は基本的に、中国とも米国ともうまく付き合って、自国の安全と経済的な利益を確保しようとしているわけだ。それを一方の側にもっと引き寄せようとするようなアプローチは有効ではない。

こういう状況を踏まえてバイデン政権は、インド・太平洋地域で中国に対抗して米国が主導し多数の国が加わる枠組みづくりを追求しなくなった。それに代わってバイデン政権のアジア外交のキーワードになってきたのは、「格子《こうし》」(lattice) ということばだ。米国政府当局者の政策説明にも、「格子細工」(lattice work) とか「格子モデル」(lattice model) いうことばが、最近よく登場する。筆者の理解では、だいたい次のようなイメージになる。

個別の課題ごとに問題意識と目的を共有できる国同士で2国間（バイラテラル）の協力を強化したうえで、それを組み合わせて数カ国によるミニラテラルの協力の枠組みをつくる。数カ国の連携を図形にすると、三角形、四角形、五角形といった格子状の形になる。

そういう格子状の連携の枠組みを、テーマや目的に応じて構成するメンバーを一部変えながら、次々につくっていく。それぞれの格子状の枠組みを、組み合わせたり、重ね合わせたり、つなぎ合わせたり、ネットワーク化したりすることで、より広範な連携の枠組みとして機能するようめざす。

たとえば、ブリンケン米国務長官は24年7月下旬に、ベトナム、日本、フィリピン、シンガポールなどを歴訪した。日本経済新聞の英文メディアである日経アジア（NIKKEI Asia）の報道によると、このブリンケン長官のアジア歴訪について、米国務省のクリテンブリンク次官補は「われわれは格子細工をつくっている」「公式・非公式の関係性が連動するネットワークが、地域全体でわれわれの共通の利益を前進させる」と説明した。

南シナ海の島や岩礁、海域をめぐって中国と紛争を抱えるフィリピンは、米国、日本、オーストラリアとそれぞれ安全保障に関する2国間の協力協定を結んだ。そして24年4月にワシントンのホワイトハウスで初の日本、米国、フィリピンの3国首脳会談を開いた。このときに当時の岸田文雄首相は「同盟国、同志国の重層的な協力が重要」と語っている。さらに24年5月には、ハワイでオーストラリアも加えた4カ国の防衛相会合も開いた。

こういうようにバイラテラル、ミニラテラルの協力を連結し、重層化する形で、中国の威圧的な行動に対抗するという発想だ。24年10月11日にASEAN諸国と日本、米国、中国、ロシアが参加した東アジア首脳会議で、フィリピンのマルコス大統領は「中国は国際秩序を無視し続けている」「われわれは嫌がらせや脅迫を受けている」と中国を名指しで批判した。フィリピンがハッキリとモノを言えるようになった背景には、海洋の安全保障についての米国、日本、オーストラリアなどのバックアップがある。

ミニラテラルの時代における日本の役割

国連のようなマルチラテラルの枠組みが機能不全に陥っているときには、ミニラテラルの協力連携の積み重ねでグローバルガバナンスの穴を埋めていく。今は、そういう現実主義的な取り組みが有効な時代なのだろう。連携のカギは、問題意識と目的を共有していることだ。

もともと、ある程度の同質性があるミニラテラルの枠組みだったBRICSは、中国やロ

24年9月22日、クアッド首脳会合に集まった岸田首相（当時）、バイデン米大統領、モディ・インド首相、アルバニージー・オーストラリア首相（AP/アフロ）

シアがマルチラテラル化を進めようとしたとたんに、アイデンティティーの危機に陥り始めている。

一方で、バイデン政権の米国が最後に進めたのは、この数年の間に生まれたミニラテラルの連携の枠組みを、制度として定着させていくことだ。

9月22日に米国のデラウェア州で開いた米国、日本、オーストラリア、インドの4カ国によるQUAD（クアッド）の首脳会合は、その一例である。首脳会合は中国の威圧的な行動を念頭に、海洋の安全保障などについての協力継続を確認した。この会合でバイデン大統領は「今この4カ国は、かつてないほど戦略的に連携している」と語ったという。

23年8月に開かれた、日本、米国、韓国の3国首脳会談は、日米同盟と米韓同盟の連携を強めて

図表6-4　名目GDPの推移

	2000年	2010年	2020年	2023年	2025年予測	2029年予測
日本	4,968	5,759	5,055	4,219	4,310	4,944
インド	468	1,675	2,674	3,572	4,339	6,436
ASEAN 10	646	2,017	3,097	3,809	4,382	5,762
中国	1,205	6,033	14,862	17,662	19,790	24,842
ドイツ	1,948	3,402	3,884	4,457	4,772	5,358
EU 27	7,272	14,566	15,370	18,347	19,680	22,495

出典：IMF の World Economic Outlook Database 2024年4月による

北朝鮮などの脅威に対応することを確認し、東アジアの安全保障についての重要な節目になった。日米韓の3国は、日本の首相が石破茂氏に代わった後、24年11月15日の首脳会談で、協力連携を加速するため連絡調整に当たる事務局を設置することを決めた。

こうして連携や協力が深まりつつあるミニラテラルの枠組みが、米国の政権が交代した後も引き続き機能するのかは、これからのアジアの地政学の焦点の一つである。

ASEANのメンバーの間の中国に対する温度差をみても、この地域の安全保障でNATOのような多国間の枠組みをつくろうとすることが、非現実的だとわかる。

名目GDPの規模で、早ければ25年にもインドが日本を追い抜く（図表6－4）。2020年代中に、ASEAN10カ国の名目GDPが日本を上回る可能性がある。世界の中の日本の経済的なプレゼンスがこれ以上、相対的に小さくなると、国連安保理の常任理事国入りという長年の外交目標の実現は難しくなる。

だが、日米韓、日米比、日米豪比、日米豪印のクアッドなど、さまざまなミニラテラルの枠組みには日本がメンバーとして入っている。これからの国際秩序で、これらの「格子」の組み合わせの重要性が増すのだとすれば、日本がその結節点として新たな役割を果たす可能性もあるだろう。

NATOは24年7月の首脳会議に、日本、韓国、オーストラリア、ニュージーランドの4カ国の首脳を招いた。そして、「テクノロジー」を双方の協力分野の一つに位置付けた。10月中旬のNATOの国防相理事会に、この4カ国の国防相が初めて参加した。「工業生産」や「技術革新」が、その際の議題になった。これに続いてG7としては初の国防相会議も開かれ、防衛装備品の供給体制強化を話し合った。米国、英国、オーストラリアの3国による安全保障の枠組みであるAUKUS（オーカス）も、技術の分野で日本の協力を求めている。

一連の動きから浮かび上がってくるのは、AIや量子といった先端分野だけでなく、航空機の素材の開発、潜水艦の建造や修理、あるいは装備品の量産など、防衛にかかわるハードの技術で、米国や欧州諸国が日本や韓国の貢献を望んでいる現実だ。欧米の造船業が衰退し、造船王国が日本から韓国、中国へと代わっていったような産業の覇権の盛衰が、リアルな安全保障のリスクとして意識され始めているともいえる。この点で、成長鈍化に伴って顕在化した中国の過大なハードの生産能力は、中国の産業構造の欠陥であると同時に、対外的な威力と考えることもできるのだろう。

投資マネーの動きを見ると、西側諸国の資金が中国から流出する一方で、中国への政治的な拒否感がないUAEやサウジアラビアなど中東産油国の、対中投資意欲は引き続き旺盛だ。その投資対象もAIや半導体など、米国が投資を阻みたい分野に広がってきた。中東の危機に世界の耳目が集まった23年から24年にかけて、投資の世界では中東から中国へのマネーの流れにブレーキをかけようとする米政権の動きも注目されていた。米中対立が続く中での中東産油国の動きには、米国でトランプ政権が復活した後も要注目だ。

政治力学の面で、ロシアのウクライナ侵攻が始まった2022年以後の世界を振り返ると、グローバルサウスの声が大きくなったと実感する。地球温暖化への対応を話し合う国連気候変動枠組条約の締約国会議（COP）でも、世界の通商のルールを話し合う世界貿易機関（WTO）の会議でも、会議の流れを大きく左右するのは、今やインドをはじめとする新興国の意見である。

24年米大統領選のトランプ氏の勝利は、米国も「理」より「利」の時代になったことを印象付けた。トランプ政権の復活は、米国が自ら冷戦後の米国主導の世界秩序に終止符を打ったに等しい。トランプ氏の新政権人事は、忠誠心を最大の基準にしている。その点では長期化する習近平政権と、復活するトランプ政権の、ガバナンスの問題が重なり合って見えてくる。

G20が24年11月18日に発表したリオデジャネイロ・サミットの首脳宣言は、「ほとんどのグローバルな課題の根底には国内および国家間の不平等がある」という認識を示し、気候変動対策で「途上国支援の強化の必要性」を強調し、国連安保理の改革では「アフリカ、アジア太平洋、ラテンアメリカなどの代表性を向上させる」と確認した。議長国ブラジルの主張を反映した宣言といえる。

米国や欧州諸国に物申し、中国やロシアにも物申す。テーマに応じて米国や欧州諸国と組むこともあれば、中国やロシアと組むこともある。米国側か中国・ロシア側かという二元論ではとらえられない国々が、世界で多数を占める。

岸田前首相が23年1月のワシントンでの演説で語ったように、グローバルサウスに背を向

23年12月18日、脱炭素化でASEANとの連携をめざすAZECの首脳会合（ロイター/アフロ）

けられたら、気候変動対策など世界的な課題の解決はおぼつかなくなる。23年以降の日本の外交は、グローバルサウスとの協力関係構築を主要テーマの一つに据えてきた。ASEANと脱炭素化の推進で連携する「アジア・ゼロエミッション共同体（AZEC）」の枠組みを立ち上げるなど、産業界も含めて連携の動きは広がってきた。こうした連携の動きを継続していくことが、世界の中で日本の存在感を保つことにつながる。

あとがき

長い間、新聞社の国際畑で仕事をしていた。１９７０年代に「外報部」と呼ばれていた職場の呼び名が、80年代に「国際部」に変わった。名称変更の趣旨は、外国のニュース、外国の情報を伝えるだけでなく、これからは日本のニュース、日本の情報の、外国に向けた発信も増やしていこうということだった。そういう趣旨とは別に私自身は、「国際」とはいろんな国がかかわっているということだから、どこか1つの国が主語になる話だけではなくて、複数の国、場合によっては多数の国が主語になる話を伝えるのが大事なのだなと思った。

「国際ニュース」「国際報道」について、そういう考えは今も変わらない。

私と同じ世代の記者の中には、世界の中の力関係や、日本との関係の重要性を考えて、「アメリカだけが『与党』なんだから、ほかの国のことは気にする必要はない」と言い切る人もいた。冷戦が終わった後、1990年代から2000年代にかけては、こういう形の「アメリカ・ファースト」の世界観、あるいは米国の視点による「国際情勢」認識が、まだそれなりに通用した。だが、今の世界は、米国の動きを見ているだけでは変化がわからない時代になっている。21世紀に米国自体も変わり、新興国・途上国も変わった。

経済のグローバル化に伴って、多くの新興国がめざましい成長を遂げ、先進国と新興国の間の所得格差が縮まった。日本を訪れる外国人観光客をみるだけで、大きな変化が起きたことが実感できる。アジアの人も、中東やアフリカの人も、20年前、30年前と比べると、はるかに自信をもって自分たちの意見を言うようになった。インド、シンガポール、マレーシアなどの政治家や政府関係者と話すと、「21世紀はアジアの世紀」という強い自負を感じる。

ひと昔前までのアジア諸国の自負は、欧米への強い対抗意識を感じさせた。若き日に植民地からの独立運動に参加したマハティール元マレーシア首相らの世代の印象が鮮烈だったからだろう。2024年にはASEANのいくつかの国で首相が交代した。シンガポールのローレンス・ウォン首相は72年生まれ。タイのペートンタン首相は86年生まれで、ベトナム戦争後の世代である。

世代交代が進みつつある今のアジアの人たちの、米国、日本、中国に対する意識は、過去の歴史に過度にとらわれたものではなく、もっと現実的だ。

私がよく目を通しているシンガポールの新聞に24年の春、「イエスといえる日本」と題するコラムが載っていた。シンガポール人の記者が、日本で起きているさまざまな新しい動きを紹介する中で、日米同盟の強化や有事法制の整備など、日本が安全保障政策に力を入れ始めていることを、国際的な要請に応えるポジティブな変化として取り上げていた。

今のアジアの多くの人にとって、子どものときからすぐ外の世界に存在していたのは、すでに巨大になっていた中国である。その中国とのバランスを考えれば、米国の存在は欠かせない。ビジネスのことを考えれば、中国との良好な関係は不可欠である。だから、二者択一で米中のどちらかを選ぶという発想は、そもそもない。アジアだけでなく、中東でも、アフリカでも、ラテンアメリカでも、同じような現実がある。

私は、最初に住んだ外国も、二度目に住んだ外国も、アラブの国だった。その後、ヨーロッパで2つの国に暮らしたが、ずっとかかわり続けてきた地域は中東である。

中東について語るときには、「西洋でいう十字軍は、中東ではフランクの蛮族の侵入と呼ぶ」という先達の警句がある。一つの事件、同じ事象でも、異なる視点から見ると、意味付けも評価もまるで違ってくる。物事を複眼的に見ると、より立体的な全体像が浮かぶことが多い。

2つ以上の国がからむ「国際」情勢は、それぞれの当事国のメディアがどう報じているか、違いをできるだけチェックするようにしている。以前なら、外国語の記事、それも英語以外の言語で書かれた記事や発表文を読むには膨大な時間と労力がかかった。今は翻訳ソフトというものが存在するので、毎日、大量の情報を知ることができる。大きな会議や重要な記者会見は、インターネットで動画をみることもできるので、これもずいぶん役に立つ。

ただし、先進国とは違う物の見方、日本とは違う発展途上国の生活の感覚などは、自分の過去の体験から導き出すしかない。時間の感覚、仕事の完成度についての意識など、さまざまな点で「日本の常識は、途上国の非常識」「途上国の常識は、日本の非常識」である。

日本や欧米の生活しか経験のない人には、なかなか理解してもらえないかもしれないが、夜中に街を歩いていて、緊張して身構えることが多いのは、独裁体制下ではなく、独裁が倒れて民主化が始まったときである。100メートルごとに銃を持った兵士がいるような状態よりも、権力のグリップが緩み、誰がこの空間を支配しているかわからないようなときのほうが、はるかに怖い。１９８９年にチャウシェスク独裁体制が倒れた後、数年のルーマニアや、２０１１年にムバラク独裁体制が倒れた後のエジプトなどで、私もそういう体験をしてきた。

アフリカで２０２０年代に親欧米の政権が相次いでクーデターで倒れた大きな理由は、治安の悪化だった。途上国では多くの国民が、民主的な政治の前に生活の安全を求める。

過去20年あまりの間に選挙制度のある国で民主主義が後退したといわれる状況については、「テロとの戦い」に伴って各国でテロ対策法が制定された影響が指摘できる。２００１年９月11日に米国で起きた同時テロの後、「自由」と「安全」のバランスが変わった。そして、通常の法手続きを経なくてもテロリストを拘束できるという法律を、いろんな政権が政敵の排除に利用した。ロシアのプーチン政権やトルコのエルドアン政権も、そうだった。

強権的な政権でも、経済成長が続き、国民の所得水準が上がり、治安状態が安定しているうちは、支持を得ることができる。だが、「安全」と「成長」と「自由」のバランスが大きく揺らぐと、国民の支持は失望に変わる。このバランスの問題に、中国もこれから直面するのかもしれない。

◇　◇　◇

本書はもともと23年中に書き終えるつもりだったが、23年10月に中東で危機が勃発し、そのフォローに追われて、執筆が大幅に遅れてしまった。ただし、その間に中国経済の変調が鮮明になった結果、中国のバラマキ型の途上国抱き込みは持続可能なのかといった視点も加えることができた。その点も含めて、かなり新しい世界の状況の断面を提示できたと思う。

米大統領選終了のギリギリのタイミングまで、執筆をサポートしていただいた光文社新書編集部の高橋恒星さんに、お礼を申し上げたい。

世界のあちこちで起きている政治と経済の問題が、どうつながっているのか、先進国と途上国の関係はどう変化したのかなど、もう少し詳しく世界の動きを知りたいという方に、この本が多少でも参考になれば、著者として大きな喜びである。

２０２４年11月
脇　祐三

〈参考文献〉

"America and a crumbling global order: Political division and turmoil at home are undermining US leadership overseas", By Gideon Rachman, Financial Times, December 4, 2023

"An "America First" World: What Trump's Return Might Mean for Global Order" By Hal Brands, Foreign Affairs, May 27, 2024

"The Age of Great-Power Distraction What Crises in the Middle East and Elsewhere Reveal About the Global Order" By Michael Kimmage and Hanna Notte, Foreign Affairs, October 12, 2023

"A Paradigm Shift in America's Asia Policy: Washington Must Get More Countries Off the Sidelines in Its Contest with China" By John Lee, Foreign Affairs, November 21, 2023

"A message from South-east Asia to the US" By Tommy Koh and Daljit Singh, The Straits Times, August 14, 2023

"Africa's coups are part of a far bigger crisis: Democracy is under threat from graft, stagnation and violence" The Economist, October 3, 2023

"American Greatness and Decline" By Joseph S. Nye, Jr., Project Syndicate, February 1, 2024

"American Tactics vs. Chinese Strategy" By Stephen S Roach Project Syndicate September 23, 2023

"America's Bad Bet on India: New Delhi Won't Side With Washington Against Beijing", By Ashley J. Tellis,

Foreign Affairs, May 1, 2023

"Another Quad Rises" By Michael Kugelman, Foreign Policy's South Asia Brief, July 14, 2022

"Asia's Third Way: How ASEAN Survives—and Thrives—Amid Great-Power Competition" By Kishore Mahbubani Foreign Affairs, March/April 2023

"Biden, alone at the top table as the UN withers: Global power shifts to smaller groups" The Economist, September 20, 2023

"Can China's Global South outreach be sustained?" By Lim Min Zhang, The Straits Times, February 12, 2024

"Can the West win over the rest ?" The Economist カバーストーリー（23年4月13日）

"China and America trade blame for a world on fire" The Economist, May 2, 2024

"China has made inroads into the Middle East. It's not cost-free" By Jonathan Eyal, The Straits Times, June 12, 2024

"China-Africa summit: Why the continent has more options than ever" Expert comment, Chatham House, September 13, 2024

"China's Checkbook Diplomacy Has Bounced" By Christina Lu, Foreign Policy, February 21, 2023

"Developing World Sees Double Standard in West's Actions in Gaza and Ukraine" By Neil MacFarquhar, The New York Times, October 23, 2023

"Geopolitics and the geometry of global trade" McKinsey Global Institute, January 17, 2024

"How America Inadvertently Created an 'Axis of Evasion' Led by China" By Ian Talley and Rosie Ettenheim, The Wall Street Journal, May 30, 2024

"In the shadow of U.S.-China rivalry, a new world order is emerging" By Ishaan Tharoor The Washington Post Today's WorldView（電子版）September 8, 2023

"Indo-Pacific a vital global economic player, but it also faces major challenges: WEF panel" Shefali Rekhi The Straits Times, January 18, 2024

"Is America giving Narendra Modi an easy ride?" The Economist, May 27, 2024

"Is India's Multi-Alignment Working?" ISPI (Italian Institute for International Political Studies), July 26, 2023

"Lessons from the ascent of the United Arab Emirates: How to thrive in a fractured world" The Economist, November 23, 2023

"Multipolar or multiplex? Interaction capacity, global cooperation and world order" By Amitav Acharya, Antoni Estevadeordal, Louis W Goodman, International Affairs, Volume 99, Issue 6, Chatham House November 6, 2023

"President Biden should not rush a deal on Israel-Saudi normalization" By Dr. Sanam Vakil, Chatham House, October 3, 2023

"Russia outsmarts Western sanctions—and China is paying attention: How the rise of middle powers helps America's enemies" The Economist, February 21, 2024

"Russia's Axis of the Sanctioned: Moscow Is Bringing Washington's Enemies Together" By Hanna Notte, Foreign Affairs, October 6, 2023

"Semantic Debates Are a Distraction From the Global South's Demands" By Aude Darnal, World Politics Review, May 21, 2024

"Summit signals: What the no-shows by Biden and Xi say of shifting Asian dynamics" By Ravi velloor, The Straits Times, September 8, 2023

Text of PM's remarks at opening session of Voice of Global South Summit 2023 モディ・インド首相スピーチ（23年1月12日）

"The Dysfunctional Superpower: Can a Divided America Deter China and Russia?" By Robert M. Gates, Foreign Affairs September 29, 2023

"The G20 Wins the Group Battle" By JIM O'NEILL Project Syndicate, September 13, 2023

"The G20 showcases India's growing power. It could also expose the limits of its foreign policy" By Chietigj Bajpaee, Chatham House, September 7, 2023

"The G20 summit will be a resounding success for India: Less so for global co-operation" The Economist, September 7, 2023

"The Illusion of Great-Power Competition: Why Middle Powers—and Small Countries—Are Vital to U.S. Strategy" By Jude Blanchette and Christopher Johnstone Foreign Affairs, July 24, 2023

"The Japan that can say 'Yes!'" By Ravi Velloor, The Straits Times, May 09, 2024,

"The Middle East in a Multipolar Era: Why America's Allies Are Flirting With Russia and China" By Michael Singh, Foreign Affairs December 7, 2022

"The New World Disorder" By Richard Haass, Project Syndicate, Sepember 22, 2023

"The Return of the Global South: Realism, Not Moralism, Drives a New Critique of Western Power" By Sarang Shidore, Foreign Affairs, August 31, 2023

"The Roots of the Global South's New Resentment How Rich Countries' Selfish Pandemic Responses Stoked Distrust" By Mark Suzman Foreign Affairs September 8, 2023

"The Sources of American Power: A Foreign Policy for a Changed World" By Jake Sullivan, Foreign Affairs, October 24, 2023

"The Upside of Rivalry: India's Great-Power Opportunity" By Nirupama Rao, Foreign Affairs, April 18, 2023

"The liberal international order is slowly coming apart" The Economist, May 11, 2024

"The new world order and the rise of the middle powers" Financial Times 社説（22年12月29日付、電子版は同28日）

"The west's Modi problem" Financial Times Big Read September 23, 2023

"Three Worlds: the West, East and South and the competition to shape global order" By G John Ikenberry, International Affairs, Volume 100, Issue 1, January 2024, Chatham House

"United West, divided from the rest: Global public opinion one year into Russia's war on Ukraine" By Timothy Garton Ash, Ivan Krastev and Mark Leonard, ECFR, February 22,2023

"Watered-down G20 statement on Ukraine is sign of India's growing influence" By Patrick Wintour, The Guardian, September 10, 2023

"West Fails to Peel Russia's Friends Away to Ukraine's Side: Many emerging economies remain reluctant to take sides in the war" By Laurence Norman, The Wall Street Journal September 14, 2023

"Why America's Failure on Indo-Pacific Trade Matters: The Biden administration's bungling on IPEF is a geopolitical setback" By The Editorial Board, Bloomberg, November 24, 2023

"Why Gulf Arab states move to become key nodes in emerging world order" By Andreas Krieg, Amwaj. Media, October 6, 2023

"The Myth of Neutrality Countries Will Have to Choose Between America and China" By Richard Fontaine Foreign Affairs July 12, 2023
『インド外交の流儀――先行き不透明な世界に向けた戦略』S・ジャイシャンカル著、笠井亮平訳、白水社、2022年
「G20サミットの焦点（上）国際秩序の維持困難明白に」鈴木一人日本経済新聞朝刊・経済教室、2023年8月31日
「G20サミットの焦点（下）グローバルサウス動向注目」廣瀬陽子日本経済新聞朝刊・経済教室、2023年9月1日
「グローバルサウスの実体（上）価値多様化、個別利益を優先」大野健一日本経済新聞朝刊・経済教室、2023年6月7日
「グローバルサウスの実体（下）高成長国と低開発国が共存」大庭三枝日本経済新聞朝刊・経済教室、2023年6月8日
「変化する国際秩序におけるグローバル・サウスと日本」恒川惠市、国際問題、2023年8月号
「インド――「グローバルサウスの盟主」の虚像と実像 湊一樹、日本貿易振興機構アジア経済研究所、2023年9月
『ASEANと日本――変わりゆく経済関係』濱田美紀編、日本貿易振興機構・アジア経済研究所、2023年11月
「『スーパー・リージョナリズム』の時代」岩田一政、日本経済新聞朝刊、2023年12月29日
「岐路に立つインド外交 モディ政権下の10年の評価と課題」伊藤融、国際問題、2024年4月号

「現代日印関係におけるグローバル・サウス」溜和敏、国際問題、２０２４年４月号
「ルールに基づく国際秩序の動揺と地経学の台頭」鈴木一人、国際問題、２０２４年６月号

脇祐三（わきゆうぞう）

1952年生まれ。'76年一橋大学経済学部卒業、日本経済新聞社入社。'80〜'81年カイロ・アメリカン大学留学。'85〜'88年バーレーン特派員、'90〜'93年ウィーン特派員、'93〜'95年欧州総局編集委員。その後、論説委員兼編集委員、国際部長、論説副委員長、執行役員などを経て2019年に退社。現在は日本経済新聞社客員編集委員。BSテレビ東京の「日経モーニングプラスFT」などで、金融市場から戦争まで幅広く国際情勢を解説する。

グローバルサウスの時代《じだい》　多重化《たじゅうか》する国際政治《こくさいせいじ》

2024年12月30日初版1刷発行

著　者 ── 脇祐三
発行者 ── 三宅貴久
装　幀 ── アラン・チャン
印刷所 ── 堀内印刷
製本所 ── ナショナル製本
発行所 ── 株式会社光文社
東京都文京区音羽1-16-6（〒112-8011）
https://www.kobunsha.com/
電　話 ── 編集部03（5395）8289　書籍販売部03（5395）8116
制作部03（5395）8125
メール ── sinsyo@kobunsha.com

ISBN 978-4-334-10509-9

1327
人生は心の持ち方で変えられる？
〈自己啓発文化〉の深層を解く
真鍋厚

成長と成功を目指す「足し算型」に、頑張ることなく幸福を得ようとする「引き算型」。日本人は自己啓発に何を求めてきたか？「より良い人生を切り拓こうとする思想」の一六〇年を分析する。

978-4-334-10422-1

1328
遊牧民、はじめました。
モンゴル大草原の掟
相馬拓也

150㎞にも及ぶ遊牧、マイナス40℃の冬、家畜という懐事情を近所に曝け出しての生活──。モンゴル大草原に生きる遊牧民の暮らしを自ら体験した研究者が赤裸々に綴る遊牧奮闘記！

978-4-334-10423-8

1329
漫画のカリスマ
白土三平、つげ義春、吾妻ひでお、諸星大二郎
長山靖生

個性的な作品を描き続け、今も熱狂的なファンを持つ四人。後続の漫画家（志望者）たちを惹き付け、次世代の表現を形作ってきた。作品と生涯を通し昭和戦後からの精神史を読み解く。

978-4-334-10424-5

1330
ロジカル男飯
樋口直哉

ラーメン・豚丼・ステーキ・唐揚げ・握りずしなど、万人に好まれる料理を、極限までおいしくするレシピを追求！ 料理に対する考えを一変させる、クリエイティブなレシピ集。

978-4-334-10425-2

1331
現代人のための 読書入門
本を読むとはどういうことか
印南敦史

「本が売れない」「読書人口の減少」といった文言が飛び交う現代社会。だが、いま目を向けるべきは別のところにあるのかもしれない──。人気の書評家が問いなおす「読書の原点」。

978-4-334-10444-3

光文社新書

1332
長寿期リスク
「元気高齢者」の未来

春日キスヨ

人生百年時代というが、長寿期在宅高齢者の生活は実は困難に満ちている。なぜ助けを求めないのか？ 今後増える超高齢夫婦二人暮らしの深刻な問題とは？ 長年の聞き取りを元に報告。

978-4-334-10445-0

1333
日本の指揮者とオーケストラ
小澤征爾とクラシック音楽地図

本間ひろむ

「指揮者のマジック」はどこから生まれるのか――。明治時代以降の黎明期から新世代の指揮者まで、それぞれの個性が炸裂する、指揮者とオーケストラの歩みと魅力に迫った一冊。

978-4-334-10446-7

1334
世界夜景紀行

丸田あつし
丸々もとお

夜景をめぐる果てしなき世界の旅へ――。世界114都市、602点収録。ヨーロッパから中東、南北アメリカ、アジア、アフリカまで。夜景写真&評論の第一人者が挑んだ珠玉の情景。

978-4-334-10447-4

1336
つくられる子どもの性差
「女脳」「男脳」は存在しない

森口佑介

男児は生まれつき落ち着きがない、女児は発達が早い――子どもの特徴の要因を性別に求めがちな大人の態度をデータで一刀両断。心理学・神経科学で「性差」の思い込みを解く。

978-4-334-10474-0

1337
ゴッホは星空に何を見たか

谷口義明

《ひまわり》や《自画像》などで知られるポスト印象派の画家・ゴッホ。彼は星空に何を見たのか？ どんな星空が好きだったのか？ 天文学者がゴッホの絵に隠された謎を多角的に検証。

978-4-334-10475-7

1338
全天オーロラ日誌
田中雅美

カナダでの20年以上の撮影の記録を収め、同じ場所からの撮影や一度きりの場所まで、思い立った場所での撮影日誌。第一人者が追い求めた、季節ごとに表情を変えるオーロラの神秘。

978-4-334-10476-4

1339
哲学古典授業 ミル『自由論』の歩き方
児玉聡

なぜ個人の自由を守ることが社会にとって大切なのか？ この問いに答えた『自由論』は現代にこそ読むべき名著。京大哲学講義をベースに同書をわかりやすく解く「古典の歩き方」新書。

978-4-334-10508-2

1340
グローバルサウスの時代 多重化する国際政治
脇祐三

米中のどちらにも与《くみ》せず、機を見て自国の利益最大化を図る。インドや中東、アフリカ諸国の振る舞いからグローバルサウスの思考体系と行動原理を知り、これからの国際情勢を考える。

978-4-334-10509-9

1341
映画で読み解く イギリスの名門校《パブリック・スクール》 エリートを育てる思想・教育・マナー
秦由美子

世界中から入学希望者が殺到する「ザ・ナイン」とは何なのか。エリートを輩出し続けるパブリック・スクールの実像を、「ハリー・ポッター」シリーズをはじめ7つの映画から探る。

978-4-334-10510-5

1342
海の変な生き物が教えてくれたこと
清水浩史

外見なんて気にするな、内面さえも気にするな！ 水中観察30年の海と島の達人が、「地味で一癖ある」「厄介者」なのになぜか惹《ひ》かれる10の生き物を厳選、カラー写真とともに紹介する。

978-4-334-10511-2